SHODENSHA
SHINSHO

人間はなぜ戦争をやめられないのか

日下公人

JN110493

祥伝社新書

本書は、一九九六年に『人間はなぜ戦争をするのか——日本人のための戦争設計学・序説』（クレスト社）として刊行され、二〇〇〇年に三笠書房より文庫化（知的生きかた文庫）されました。二〇〇四年、小社にて『人間はなぜ戦争をやめられないのか——平和を誤解している日本人のために』と改題・改筆・再編集して刊行。今回の新書化にあたっては、全体を再構成・加筆・修正して、新たに「まえがき」を書下ろし、写真を変更しています。

まえがき

ロシアとウクライナとの間で戦争が始まって、一年が経過しようとしている。推計値だが、二〇二二年二月二十四日の開戦からこれまでに、ロシア、ウクライナ両軍で合計二〇万人の死傷者が出たという。この数字に民間人は含まれていない。

ミサイルが着弾し炎上するビル、瓦礫《がれき》と化した住居、破壊された戦車、国外へ逃《のが》れ避難生活を余儀なくされる市民、そして武器を携《たずさ》え、戦場を走る兵士たち……。連日のように報じられる映像は、日本人が大東亜《だいとうあ》戦争（太平洋戦争、一九四一〜一九四五年）で体験した「戦争」の現実を想起させる。

しかし、日本政府は今回の戦争を「ロシアによるウクライナ侵略」と表記し、ヨーロッパや国連も「侵略」（aggression）、もしくは「侵入」（invasion）としている。たしかに軍事侵攻を仕掛けたのはロシアだから、その呼び方に誤りはないのかもしれない。だが、ＮＡＴＯ（北大西洋条約機構）諸国の支援を受けたウクライナが反撃し、ロシア軍にも打撃を与えている以上、これはもはや戦争（war）であり、それも「ロシアと西側諸国（ウクライナとＮＡＴＯ）の戦争」とすべきであると私は思う。

大東亜戦争終結から今年で七八年、その間に戦争が何回あったか気になって調べてみた。すると、内戦を含めれば実に累計一三五である。その中にはシリア、ソマリア、カシミール、パキスタン、イエメンなどで今も続いている戦争（紛争）もある。つくづく、人間は戦争をやめられない動物と見える。

しかも戦争は、始めるのは容易《たやす》いが、終わらせるのがきわめて難しい。

一九四二年八月にナチス・ドイツがソ連（現・ロシア）に侵攻して起きたスターリングラード（現・ヴォルゴグラード）の戦いを例に挙げると、すぐに終わると想定されていたにもかかわらず、ドイツ軍が降伏したのは翌年の二月である。一つの都市の攻防戦で半年の時間を要したのだ。同じように今回、ロシアもウクライナも、当初は短期で終結すると考えていたようだが、ここまで長引いてしまっている。

「西側諸国がロシアを破壊」

ロシアのプーチン大統領は2022年3月16日、「西側諸国は第五列（スパイ）を使ってロシアを破壊しようとしている」と主張した　(Russian Presidential Press Service/AP/アフロ)

「ロシアがウクライナに侵攻」

ウクライナのゼレンスキー大統領は2022年2月28日、「ロシアがウクライナに侵攻した」との声明を発表した
（Presidency of Ukraine/Abaca/アフロ）

　なぜ戦争は終わらせ方が難しいのか。それは戦争を「設計」できていないからだ。詳しくは本文で述べるが、戦争は政治の延長である。戦争そのもの（戦闘行為）は政治家と軍人の共同作業だが、戦争を終わらせるのは政治家のみが担《にな》うべき仕事なのだ。政治家が戦争を根本的に考え、たとえば「この戦争は五年かかる」と決めて、「どのように終わらせるか」までを設計しなければならない。この戦争設計をできる人材がいない国には、停戦も終戦も訪れない。

　また人間には、自分の頭で考えず、努力をせず、責任も取らずに、他人の力を当てにしてしまう性質が抜きがたくある。俗に言う他力本願である。

　大東亜戦争で究極の「他力」となったのは、昭和天皇ではないかと思う。一九四二年（昭和十七年）十二月にガダルカナル島からの撤退を決めて以来、敗色濃厚となった日本では、昭和天皇が臨席する御前会議が七回、開かれている。その七回目が一九四五年（昭和二十年）八月十四日の、ポツダム宣言受諾を最終的に決定した御前会議である。

つまり、参謀本部をはじめとする軍人たちは、すでに敗戦を覚悟しながら、ずるずると結論を先送りして「最後は陛下が決めてくださる」という態度だった。もちろん軍人は、戦争に負けても「我々は一生懸命やった」と言う。ところが、実質的には何もやっていないのだ。

陸軍大臣と内閣総理大臣を兼任した東条英機《とうじようひでき》にしても、自《みずか》ら「（首相在任中の）最後の一年間は、俺は何もしなかった」と言っている。すなわち、東条は大東亜戦争を設計したとは言えない。いや、何も考えていなかったと私は見る。結局、大東亜戦争を終わらせたのは、陸相でも海相でも首相でもない。最後は天皇が出てきて終わらせる以外になかったのである。

ロシアのプーチン大統領が、大東亜戦争当時の昭和天皇（陸海軍大元帥《だいげんすい》）に匹敵する地位にいるとは断言できないが、二一年以上も国家元首の座にあるのだから、強大な権力者であることは疑いようがない。

あの国ではソ連時代から、権力を握るには「三つの組織」を押さえる必要があると聞いた。一つは党（ソ連共産党中央委員会政治局）、二つ目は軍、三つ目がＫＧＢ（ソ連邦国家保安委員会）である。三つのうち、少なくとも二つを掌握しなければ最高権力者になれないらしいが、ＫＧＢ出身であることから見ても、やはりプーチンの力は揺らがないのだろう。

かつて、スターリンという独裁者がいた。ソ連共産党書記長である。その後、ソ連の崩壊で書記長だったゴルバチョフが失脚し、ロシア連邦の初代大統領にエリツィンが就《つ》いた。私はその頃、モスクワに行って歩き回り、混乱するロシアをつぶさに見たことがある。

ゴルバチョフ時代のソ連は、有名なペレストロイカ（「立て直し」を意味するロシア語）という改革もあって、「これからソ連も自由化が進み、明るい国になっていくのかもしれない」と思ったが、現実はそうはならなかった。ソ連が崩壊してやってきたのは、闇市《やみいち》経済の時代である。そしてオリガルヒと呼ばれる成金《なりきん》が登場した。同じ頃、バブル景気に沸《わ》く日本で不動産成金が誕生したのと似ている。一説には、このオリガルヒは大統領人事も左右できるほどの支配力があるというが、私には分からない。

ただ、このように分かりにくい国で権力を持つ大統領が、ウクライナとの戦争を「設計」しているとは考えにくい。この戦争の結末を予測するのが難しい所以《ゆえん》である。

大東亜戦争が終わったのは、私が一五歳の時である。自分が体験した戦争の正体を知りたくて、戦後は本を読み、人に会い、たくさんの話を聞いた。戦地に行ってみたりもした。そして私なりに戦争について考え、原稿にまとめたのが一九九六年に初版を発行した本書である。それから二七年の月日が流れた。ウクライナでの戦禍が拡大を続ける現在、現代性を考慮し、本文を大幅に加筆・訂正して、今を生きる読者にお届けしたい。

二〇二三年一月

日下公人

目次

(2) 軍隊の危機——「機能集団」の「閉鎖集団」化

第三章 戦争とは何か、「戦争設計」とは何か

——平和国家だからこそ「戦争設計学」の確立が急務

(1) 戦争は「政治の継続」である

本文デザイン　盛川和洋
本文ＤＴＰ　キャップス

第一章

人間は、なぜ戦争をやめられないのか

――戦争を「善悪」や「良心」のレベルで捉える愚かさ

(1) 戦争とは、外交の一手段である

「軍拡競争」と人間の脳構造の因果関係

人間は、なぜこんなにも戦争をするのか。それは人間の脳に前頭葉があるからだ、と心理学者は説明する。前頭葉は生物の脳としては新製品で、まだ歴史が浅いから、淘汰《とうた》の途中で少々不完全なところがある。では、どのように不完全なのか。

クラゲは体の表面に凹《へこ》みがあって、そこで光を感じ、明暗の判断をする。これが目玉の始まりとされている。動物の始まりはミミズのように腸の両端に口と尻があるだけのものだが、エサをとるため、その先端に目や鼻などの感覚器官ができ、最後にその情報を総合的に判断する脳ができる。クラゲに総合判断力はないが、犬や猫のような動物になると、感覚を総合判断する脳、つまり旧皮質が発達してくる。これがさらに発達して、追加された新回路が新皮質の脳で、その先端を行くのが人間の前頭葉である。

この前頭葉は物事の発生した順番を記憶できる回路で、発生した順番を記憶できるのは時間感覚につながる。そして次の段階では、後に起きたことは前に起きたことの結果であると考えるようになる。仏教で言う因果関係の発見である。

一定の規則でベルの音を聴かせてエサを与えると、次からはベルの音だけで唾液を分泌するパブロフの犬は、条件反射といって、因果関係を体得した結果のことだが、前頭葉はさらにこれを吟味する。

つまり、一つの物事の発生は単なる偶然なのか、あるいは何らかの因果関係によるものかを吟味する。そうして偶然ではない因果関係を把握すると、次は、この因果法則を使って将来を予測したり、対策を考案したりする。それができるようになったので人類は大繁栄したが、この回路はまだ新製品なので不完全である。誤判断が多い。

この前頭葉という回路を使うと、人間は〝自信過剰〟や〝考えすぎ〟という過《あやま》ちを犯すが、そのいい例が軍拡競争である。

A国は経済的に豊かだが軍隊を持っていない。隣のB国は貧乏で軍隊を持っている。となると、A国は〝いずれB国は自分の国を攻めるに違いない〟と考える。実はB国には、全然その気がないにもかかわらず、A国はそう考えて軍隊を持とうとする。となると、B

国はB国で、〝A国がいずれは攻めてくるのではないか〟と軍備を増強する。それを互いにエスカレートしていくうちに、どちらかがやられる前にやろうと考えて、先制攻撃を仕掛ける。

このように、ありもしない危険をつくり出すのが前頭葉の犯す過ちである。先制攻撃をするのは人間だけで、だから人間社会には争いが絶えない。

これが「理由なき戦争」が起こるいちばん大きな原因で、人間はそれを回避するために親善外交や相互査察、国際会議などの技術を発達させてきた。それはよいのだが、時にはその交渉のもつれやこじれが新たな戦争原因にもなるとは、まことに困ったことである。

外交交渉から「宣言」へ——国家はこうして戦争に突入する

戦争は国家と国家が行なうものである。近頃は国家以外の集団も戦争をするようになったが、まず国家が互いに戦争をする場合について考えてみよう。

そもそも、国家の誕生と国際関係の始まりは、こんなふうに考えることができる。Aという民族が広い土地に住んでいたとする。少し離れたところにBという民族が住んでいる。お互いの領土の間に緩衝《かんしょう》地帯（隙間《すきま》）がある時は、まず問題は起こらない。しかし双方の領土が膨張して、重なりはじめると必ずいざこざが起きる。これが、国際関係の始まりである。

いざこざを解決するため、双方の代表者が話し合って、縄張りとしての国境が生じる。国境ができて、国家が誕生する。次に国民が決められる。いったんA国の国民になれば、B国には簡単には行けなくなる。どうしても行きたいのなら、自国の政府にパスポートを発行してもらう。受け入れる側はビザを発行する。ビザとは入国許可証のことである。パスポートは本国への再入国許可証である。パスポートは、もう一度自分の国に戻るために必要なものである。

さて、国民と国境を持った国家は何をするのか。国家は、「国益」を守ることを仕事にする。そこで国家の「目標」とは何か、が問題になる。アメリカなら自由主義と民主主義を守ることである。中国なら共産主義、日本なら国民の生命と財産を守ることになる。これがナショナル・ゴール（国家目標）で、この実現に役立つものがナショナル・インタレスト（国益）である。国家目標と国益は、国によって相違がある。

たとえば「発展主義」か「平和主義」かという違いがある。概して西洋は発展主義で、東洋は平和主義である。「平和主義」の国は国家が発展することよりも、平和を求める。

具体的には、「侵《おか》さず、侵されず」という目標を掲げる。敵を防ぐ力を持とうとはするが、自分からは攻めない。その反対が、「発展主義」だ。発展するためには戦争をしてもかまわない。

では、発展を求める国は、国際関係では何をするのか。

まず第一には「外交交渉」をする。北方領土問題はこれに当たる。「元来、ここはわが国固有の領土である。今の国境線は間違っている。だから、その土地は返還すべきである。これは正しい要求である」と主張する。これを、「失地回復」または「旧領回復」という。日本はこれをソ連に対して何度も行なった。戦争をする気はなかったが、現状打破と発展を求めていた。

外交交渉の次は、「宣言」を行なう。「こちらはこれでいく。嫌なら戦争でこい」である。日本は北方領土交渉の時にこんなことは言わなかったが、アメリカは北朝鮮に対して脅しをかけた。一九九三年のことだ。「核再処理施設を見せろ。見せないのなら、経済封鎖をする」と宣言した。北朝鮮はこれに対して「経済封鎖は戦争とみなす」と同じく宣言した。

このように条件をつけて戦争覚悟の脅しをするが、しかし、相手が強く出てくると引っ込みがつかなくなる。引っ込むか、戦うか、だが当時のクリントン大統領はしぶしぶ引っ込んだので（いわゆる「米朝枠組み合意」である）、クリントン外交は駄目だという批判がアメリカ国内に出て、クリントンと民主党は、一九九五年の中間選挙で大惨敗をしてしまった。

だから、どの国も宣言には慎重で、その一歩手前の外交としては、同じことをしぐさで相手に分からせようとする。いわば「しぐさ外交」だが、これは相手に誤解される恐れもある。

「メッセージが相手に正しく伝わっていない」と表現するが、相手のしぐさの意味を正しく読むのに苦労するのは外交も男女の仲と同じらしい。読み間違えると衝突になる。

「侵略戦争」と「解放戦争」の違いはどこにあるか

外交交渉がうまくいかなければ戦争になるが、先に手を出すほうは、これを「目的を達成するための制限戦争」であるとか、「防衛的先制攻撃」であるなどの説明を第三国にするのが普通である。そうでない時は、「全面戦争」になる。

「防衛的先制攻撃」のいちばんいい例は、明智光秀《あけちみつひで》の「本能寺の変」だ。光秀は、このままでは織田信長《おだのぶなが》に殺されてしまうというので先手を打って信長を殺した、と一般に解釈されている。昭和六年（一九三一年）の満洲事変も同じである。このままでは日本は満洲から追い出される、条約上の正しい義務と権利を中国が守らないから、ということで先制攻撃が行なわれた。

東京裁判（一九四六〜一九四八年）では、これが「侵略」であると裁かれた。今の日本の小・中学校や高校では満洲事変は「侵略戦争」だと教えている。

「侵略」とは、たぶん第一に全面戦争のことで、第二に戦争目的は領土の奪取や他民族の支配で、第三に武力は無制限に行使されるもののことだろう。これは、勝利を得た後、その国が何をしたかにもよる。

だが、世界の多くの国が行なった「侵略」は、防衛のための先制攻撃とか、在外権益の保護とか、一部政治勢力への援助などの建前になっている。それを用心するのも隣国としての常識である。

この点については、「解放戦争」は「侵略戦争」ではないという主張があることを知っておく必要がある。孫子《そんし》の昔から中国人はこの違いに気がついていて、侵略戦争の場合は、武力の行使に対し、相手国は支配者も被支配者も一致団結して抵抗する。これに対して解放戦争は、相手国の被支配者が外国軍の進入を歓迎し、支配者への戦いに立ち上がって協力する、と言っている。

つまり、攻める側の意図が何であれ、相手国の支配者はいつも「侵略」だと言うに違いないが、しかし民衆の中には「解放」だと喜ぶ人が一部かまたはだいぶ存在するというのである。そこで、日頃からのシンパづくりの親善外交や内部攪乱《かくらん》の政治工作が大事になってくる。

日本人は平和を誤解している──「バランス・オブ・パワー」とは何か

国際関係が二国関係から三国関係になった場合は、どうだろうか。
A、B、Cという三つの国があったとする。A国はB国との間に問題を抱えている。B国の隣にC国がある。ここでA国に、三つの外交が考えられる。
①C国と仲良くする。C国を味方にして、B国と戦った時は応援してもらう
②B国とC国を戦わせる
③B国とC国が仲良くしないように邪魔をする

この三種類である。Ｂ国ともＣ国とも等距離で仲良くするのが理想だが、これはそれが破れた場合の話である。

では、②のＢ国とＣ国との間に戦争が起こった時はどうするか。

第一の方法は、Ｂ国とＣ国の争いの調停をすることである。調停に成功すれば、戦争が終わった後の発言力が増す。

第二の方法は、強いほうにつくことである。強いほうの尻馬に乗って得をする。

第三の方法は、弱いほうにつく。

この三つの方法は、それぞれが正解である。これは国際関係の基本である。

第三の、弱いほうを応援するというのは、意外に思われる読者がいるかもしれないが、これは、弱いほうについて戦争を長引かせるためである。強いほうにつけば、戦争はすぐに終わってしまう。そうすれば、強いほうはますます強くなって、今度は自分に向かってくるかもしれない。弱いほうを応援すれば、三者の力が同じくらいになって、三すくみになる。これを、「バランス・オブ・パワー」という。

どこか一つの国だけが強くなれば、その国が無茶を言い出した時に止める国がない、というわけだ。われわれ日本人には少し分かりにくい考え方だが、なかなか現実的な発想である。理想主義だけで平和を維持するのはむずかしい。

ナポレオンを破ったあとのウィーン会議（一八一四〜一八一五年）以降、イギリスはヨーロッパに対してこの政策を採《と》ったので、イギリスはカウンターウェイト（均衡《きんこう》おもり）の国とか、バランサーと呼ばれた。右へついたり、左へついたりするので信用できない国だという評判もあったが、結局ヨーロッパには一〇〇年の平和が実現したので、イギリスは〝名誉あるバランサー〟と呼ばれた。

この点で、日本人は平和とは何かということを誤解している。日本人は、紛争地域に行って、あれこれ口出ししないことが、平和厳守だと思っている。そういう考えを持っている人が、新聞社や大学教授、中学・高校の先生にたくさんいる。そういう教育を受けるから、学生もそう思っている。

しかし、国連決議がある場合をのぞき、他国のことには口出ししない、という考えは一種のイデオロギーである。現実的なものの考え方ではない。それからイデオロギーは口に出した以上、守らなければいけないものである。いくら損をしても、ころっと変わってはいけない。イデオロギーに殉じて死ななければいけない（だが、旧日本社会党は簡単に変わった。たいへん現実的だ）。

アメリカは「民主主義」と「自由主義」を広げるというイデオロギーを守ったので、世界中に軍隊を派遣し、とうとう大赤字国になってしまった。だから、最近は世界中が脱イデオロギーの時代になりつつある。原理原則はあまり言わなくなっている。そこで出てきたのが、このリアル・ポリティークと呼ばれる現実主義である。

「現実主義」と聞くと、崇高《すうこう》な感じがしない。しかし、その場その時で、あっちについたりこっちについたりするほうが、実は平和だという場合がある。これは「勢力均衡による平和」と呼ばれる。

国際関係では軍事的実力がモノを言う

日本は現在、周辺諸国からさんざんな扱いを受けている。国家としての名誉を傷つけられ、領土を侵されている。北方領土はロシアに、竹島《たけしま》は韓国に、尖閣《せんかく》諸島は中国に脅《おびや》かされている。海外に投資した資産も、ゆすり・たかりに止《とど》まらず、国家的な約束不履行によって減耗《げんもう》を強《し》いられている。

アジアの国々は、いつまでも昔のことを蒸し返し、日本に謝罪を要求し、さらなる援助を求める。だが、日本からの援助は、国家経済の発展や国民生活の向上のために使われる前に、先方の政府当局者の私腹を肥やすことにあてられている。

その結果、いくら援助を受けても一人当たりの国民所得は、いつまでも貧乏という状態になるが、それを口実にさらなる援助を要求してくる。いわく、

「貧乏国に援助するのは先進国の義務である」

「食糧不足は人権問題である」

等々。だが、日本からの援助が相手国の国民の手にわたっているかどうかは定かでない。しかも、アジア諸国は軍事費を増額して武器を購入し、軍隊を強化して周辺諸国を恫喝する。時には紛争を起こす。その余波は日本にも及ぶ。

日本の漁場は荒らされ放題である。アジア諸国は水産資源保護に関する国際条約（国連海洋法条約に基くさまざまな協定）を締結していない国が多いからやりたい放題である。

では、日本はどうすればよいのか。日本には自衛隊という軍隊らしいものはあるが、「専守防衛」を掲げているので、外国の横暴に対する抑止力とはなっていない。

自衛隊が海外へ出動するのは、国連決議がある場合に限られている。だから、安全保障理事会（安保理）で拒否権を持っている常任理事国にはまったく抑止効果がない。常任理事国が拒否権を発動しつづければ、自衛隊は海外へ出動できないからだ。では、アメリカ軍の出動に共同して自衛隊が海外出動する場合はあるかというと、これもないことになっている。

そのような次第であるから、二〇〇三〜二〇〇九年のイラク派遣にしても、「イラク人道復興支援特別措置法（イラク特措法）」に基づいた「支援活動」で、海外派兵ではないと日本政府は言った。小泉純一郎《こいずみじゅんいちろう》首相（当時）も特措法成立時、次のような談話を残している。

「この法律は、イラクの人々による速《すみ》やかな国家再建を支援するため、国連安保理決議の要請を踏まえ、わが国にふさわしい貢献を行なう体制を整えるものであります」

「今後は、実施可能な業務や現地の状況に関する綿密な調査および周到な準備を行ない、派遣される自衛隊員などの安全に十分配慮しながら、わが国の主体的な判断の下《もと》にイラクの復興のための支援活動を的確に実施してまいります」

日本政府は国会でたびたび、

「日本はアメリカの戦争に巻き込まれることはない。日米安全保障条約はアメリカが日本を守る条約で、日本はアメリカを守らなくてもよいことになっている。また日本が攻撃されなくても同盟国と共同して武力を行使するという、集団的自衛権は保有しているが、その行使は許されない」

と答弁した。まことに不思議な答弁だが、法律上はこれでも意味があるらしい。自衛隊が戦うのは、日本の領土に敵軍が侵入した時と、自衛艦や自衛隊機が攻撃された場合だけである（二〇一四年、集団的自衛権の行使容認を閣議決定）。

つまり、他の国にとっては、日本の領土・領海・領空に入らず、また自衛隊を攻撃さえしなければよいのだから日本の周辺では山賊的行為でも海賊的行為でもやりたい放題で、怖いのはアメリカ軍の出動だけという状態になっている。

それが証明されたのが、一九九五年から翌九六年初めの台湾海峡での中国による軍事演習騒動で、アメリカ軍の空母二隻が出動したら、たちまち軍事衝突の危機は回避された。これが地域の安定といわれるもので、アジアの安定勢力はアメリカだけということが証明された。また、日本はアメリカに守られているという証明が得られたので、日本への投資はこれから増加するのではないかとの期待が生まれた。

日本は天安門事件（一九八九年）以降、サミットの場でも常に中国をかばい、その孤立化を防ぐ目的で積極的に援助や投資を行なってきた。しかし、それはむしろ中国を増長させ、日本は不安定化の原因を醸成したという非難をアジア各国から浴びることになった。

専守防衛が招く〝真空地帯〟

自衛隊の根本精神は長い間、「力の真空状態を自らつくることはしない」というものだった。日本が無防備の真空状態であれば、外国の侵略を誘発する。だから侵略を抑止する程度の自衛力は保持するという考えだ。しかし自衛隊の行動範囲は日本の領土・領海・領空に限るとしているから、その一メートル外側は真空状態になっている。

その結果かどうか、アジアの海は次第に海賊的行為が横行する無政府状態となってきた。最大の被害国は日本で、公海に出て操業する日本の漁船や物資を輸送する船舶はいろいろな被害を受けているが、当の日本国は頼りにならない。むしろロシアの巡洋艦のほうが頼りになる。一九九一年に、東シナ海で中国船による銃撃事件が頻発した時も、ロシアの巡洋艦が出動したらピタリと止《や》んだ。

海上保安庁の巡視船はいったい何をしていたのか。彼らの任務は、日本船を保護し、領海を侵犯する外国の船舶を領海外へ排除することだが、では、そのためにどんな手段を使うことが許されているのか。これにも国会答弁がある。かなり前のことだが、取り寄せて読んでみると、

質問「領海侵犯の船に対してはどんな処置をするのか」
答弁「領海外へ出るよう要請します」
質問「それでも出ないときはどうするか」
答弁「重ねて要請します」

という問答の繰り返しなのであきれたことがある。巡視船は機関砲を積んでいるし、小口径の大砲もあるが、「こういう場合には発砲してもよろしい」というマニュアル（ROE＝rules of engagement ＝交戦規定）を政府がつくらないので、こんな問答になるらしい。

さすがに――と言うべきか、一九九九年に能登《のと》半島沖で発生した不審船事件（巡視船、護衛艦、航空機などが二隻の不審船を追跡したが、防空識別圏外へ逃走された）を受けて、自衛隊法と海上保安庁法は改正された。簡単に言えば武器使用条件の緩和である。

それで二〇〇一年十二月、今度は奄美大島《あまみおおしま》近海に不審船が現われたのだが、このときには海上保安庁の巡視船が、二〇ミリ機関砲で威嚇射撃そして船体射撃を行なった。結果的

に不審船は沈没している（自爆による沈没とも言われている。この不審船は二〇〇四年から横浜海上防災基地で屋内展示されている）。

ただし、巡視船が発砲して相手に損害を与えても許される場合とは、刑法で規定されている「正当防衛」と「緊急避難」の場合に限られている。つまり、相手が発砲してきた時だけ応戦できるということだ。前述の改正自衛隊法とのかねあいが議論を呼んだ所以である。

巡視船の性能を飛躍的に向上させなくては、船長や乗組員がかわいそうである。運輸省（現・国土交通省）が試作させた時速一〇〇キロの高速貨物船を導入するか、あるいはロシアから高速のカーラ級巡洋艦（基準排水量八〇〇〇トン）を購入する方法もある。アジア諸国の軍艦は三〇〇〇トン前後の駆逐艦が主流だから、これで十分に対応できる。攻撃されても大丈夫なくらいに装甲を厚くして、体重と馬力で領海の外へ押し出せばよい。

本来、軍備は「想定される未来戦」に合わせて整備されるものだ。「専守防衛」と言うのなら、その任務を達成するためには、こういう軍艦を揃えなければならない。

また、紛争対応マニュアル（ＲＯＥ）を本格的に再考し、その最低線を内外に公表しなければならない。そうすれば、相手は手出しを控えるようになる。アジアには平和が訪れ、日本は安定勢力として評価されることになる。

台湾海峡での軍事演習騒動で、日本の橋本龍太郎《はしもとりゅうたろう》首相（当時）は中国に自制を求めることで日本国の態度を明らかにしたが、それは最新鋭のジェット戦闘機F15が一七七機、F4が一一六機もあったからこそ、できたことである。

私はかつて、この問題について、上海《シャンハイ》の復旦《ふくたん》大学の教授や学生たちと議論したが、彼らは口々に「二十一世紀の中国は海上に覇権を求める。台湾は海洋進出のための基地だから独立は絶対に許さない」と語っていた。「では、沖縄をどう考えるか」と聞くと、「日本を相手にする気はない。F15を一七七機も持っている国とは事を起こしたくない」と即答した。彼らが国際関係を単純明快に軍事力の強弱から考えていることがよく分かる会話だった。

なぜ歴史は「ヒトラー」を生んだのか

国際関係の、歴史的な事例を挙げてみよう。

歴史的な常識として、ヒトラーは悪者である、一方的に戦争を始めて世界中に迷惑をかけた、と思っている人が多い。それは一面、正しい見方である。しかし、ヒトラーが戦争を始める前に、そこまでドイツを追いつめたほうにも責任がある。それは、ベルサイユ条約でドイツの軍備を制限し、領土を狭め、たくさんのドイツ人居住地域をポーランドその他の国に与えたこと、多額の賠償金を支払わせたこと、などだ。

ヒトラーは政権を握ると軍隊を再建し、賠償金の不払いを宣言し、それから失地回復を隣国に要求した。そこで英・仏はどうすべきだったか。〝べき論〟はひとまず措《お》いておいて、まずは事実の経過を見てみよう。

発火原因になったのは、一九三九年当時はポーランド領だった「ダンチッヒ回廊」をめぐる領土交渉である。ダンチッヒ回廊はもともとドイツ領だった。第一次世界大戦でドイツが敗北したため、ベルサイユ条約によって、国際連盟の保護下で自前の政府を持つ自由都市となったが、ポーランド政府は港湾・鉄道の使用権を持っていた。また、ダンチッヒ回廊はポーランド税関の管轄区域でもあった。

ダンチッヒ回廊に住む住民の九五パーセントは、ドイツ人だった。ただし、ポーランドにとってはここが海への出口である。ドイツ人住民の数は一〇〇万人で、彼らはポーランド経済に依存して生活していた。

第一次世界大戦が終わって二十数年経ち、ドイツは「交渉」を始めた。要求は土地の返還で、交渉は侵略ではない。ドイツは双方の利益になる着地点を探そうと提案した。ただし、一〇〇万人のドイツ人は祖国復帰を願っていると付け加えるのを忘れなかった。つまり、解放戦争だというのである。

ところが、イギリスとフランスはポーランドと同盟を結んで、ドイツとの領土交渉に反対した。「ポーランドに戦争を仕掛けるのなら、われわれがともに戦う」というもので、ポーランドは、これでドイツはひるむだろうと判断した。

しかし、それはポーランド外交の失敗で、ドイツは、ひるまなかった。一九三九年の九月一日午前五時二十分、ついにドイツ空軍の爆弾がポーランドの田舎町ブックに投下された。

午前十時、ヒトラーは国会を招集して、世界に向けて次のような演説をした。

もしもドイツが勝っていたら、世界の歴史教科書はこの演説のとおりを掲載したであろうから、全文を紹介しておこう。

――

ドイツは久しくヴェルサイユ条約がつくり出した忍ぶべからざる問題に悩みつつあった。百万人の同胞が本国から切り離された。よって平和的提案を出したけれども、いつも却下されてしまった。ポーランドはダンチッヒを汚し、廻廊を汚し、いたるところでドイツ系少数民族をしいたげた。過去四ヵ月にわたってドイツは忍耐を重ね、ワルソウ政府に警告を発してきたが、この警告は無視された。最後の瞬間にイギリスから調停の申し出があって、ドイツはこれを受諾したけれども、ポーランドは全権委員を派遣することを拒んだ。

昨夜一晩に国境一四ヵ所に衝突事件が起こったのである。西欧諸国がその権益を傷つけられたというなら余《よ》はこれを遺憾とするが、フランスとイギリスとに対しては友好の情を保証した。そしてロシアはドイツと了解に到達した。

ドイツはまずダンチッヒ問題を解決し、次に廻廊、そして最後にポーランドとの一般関係を調整する決心である。

昨夜はじめてポーランド軍はドイツ領に侵入したから、ドイツ軍は今朝五時四十五分にいたって砲火を返した。これよりわれらは爆弾に対しては爆弾をもって酬《むく》いる。余もまた一兵卒として前線に赴くであろう。勝利か死か、これ余の金言である。

余は今日以後ドイツ国第一の兵士たること以外になにも望まない。もし余にして斃《たお》れたらヘルマン・ゲーリングが余に代わるであろう。同志ゲーリングになにごとか起

ナチス・ドイツのポーランド侵攻

1939年10月5日、ワルシャワ郊外で兵士を閲兵するナチス・ドイツのヒトラー総統 （AP/アフロ）

これればルドルフ・ヘスがこれに代わるであろう。万一ヘスにして事故に逢《あ》わば、参議会がその指導者を選択するであろう。

余はいまだかつて降伏という言葉を知らない。ドイツの意思とドイツの鋼鉄が最後の勝利を博するのである。

（蘆田均著『第二次世界大戦外交史』時事通信社刊より）

ドイツは、イギリスとフランスのポーランド支援声明は口先だけだと考えたのである。だから、第二次世界大戦が始まったのには三つの理由があったと言える。

一つは、ポーランドが譲歩しなかったこ

と。二番目は、ドイツが旧領回復に武力を行使して、ポーランドに攻め込んだこと。三番目は、イギリスとフランスがポーランドを支援して、九月三日にドイツに宣戦布告をしたことである。その意味では、大戦争になったのは、イギリス・フランスのせいでもある。

「必要のない戦争」をしたチャーチル

では、イギリスやフランスにとって、ポーランドへの支援は必要不可欠なものであったのだろうか。実は支援は必要ないという意見がたくさんあった。当のイギリス国民の中にもあった。

「自分の息子は、戦う必要のない戦争で死んでしまった。ポーランドのことなど放っておけばよかった。チェンバレン(元首相)やチャーチル(同)という男は、単なる戦争好きではないか」という声が、今でもイギリス中にたくさんある。

イギリス国民が、なぜこんなことを言うのかというと、一つにはドイツの負けが決まっても、戦争前のポーランド政府が復活しなかったからである。

ポーランド政府は、ドイツ軍の侵攻を受けてルーマニアに逃れ、そこからパリ在住の元上院議長ラシュウィッチを大統領の後継者に指名した。

そこで誕生したパリの新設亡命政府は、イギリスとフランスから正統政府として承認され、ついでロンドンに移って陸海空の三軍を再編し、英仏軍とともに戦った。「バトル・オブ・ブリテン」と呼ばれる英本土航空作戦で、ゲーリングのロンドン空襲を迎撃したスピットファイアー（英軍の代表的戦闘機）のパイロットにポーランド人がいたことは映画にもなっているとおりで、立派に同盟国としての実《じつ》を挙げたのだった。

しかし、戦争が終わっても亡命政権が返り咲くことはなかった。戦争が終わると、ポーランドはスターリンの主導によって共産主義国となってしまった。

ポーランドの共産化は、一九四五年二月の「ヤルタ会談」で決められた。

ヤルタ会談とは、チャーチル、ルーズベルト、スターリンが、ソ連のクリミア半島にあるヤルタという保養地で行なった会談である。戦争が終わった後の世界をどうするか、ということが話し合われた。

その時スターリンは、ポーランドを共産主義国にすると主張した。ロンドンにいる亡命政府ではなく、一九四四年十二月にソ連の占領下ですでに誕生していたポーランド共和国臨時政府を認めろと、米・英に主張した。

ポーランド共和国臨時政府とは、もちろん共産系の新政府である。

チャーチルは一週間頑張ったが、折れた。その時の条件は、ロンドン亡命政府の要人がポーランドに帰国したうえで総選挙を行なって決定するというものだが、その日付を決めなかったので、ソ連は反共産系分子を大粛清《しゅくせい》した後に総選挙を行ない、ポーランドは共産主義国になった。

しかし、イギリスが戦争を始めたのは、そもそもポーランドを助けるためである。イギリスは、ドイツ軍に故郷を追い出されたポーランド政府を返り咲かせるために戦争をした。ポーランド政府と海外にいたポーランド人は、ポーランドを元の国にするために戦った。

ところが、戦争が終わると、ポーランドには新しい別の政府が誕生した。つまり、イギリスは戦争目的を達していない。国民から見れば、あの戦争で息子が死んだのに、得をしたのはスターリンだけだ、ということになる。

スターリンの共産主義に押されて引っ込むくらいなら、ヒトラーがダンチッヒ回廊地域をドイツに取り返すと宣言した時に引いていてもよかった。

自由や正義、それからポーランドの民主主義を守る、というのならイギリスは引きつづきスターリンと戦うべきである。チャーチルの理想主義的な大演説は、その程度のものだったのか、と国民は失望した。

日本では、この話はあまり知られていない。日本の教科書にはヒトラーがすべて悪かった、と書いてあるが、それでは話が簡単すぎる。

戦争目的を達しなかった国は敗戦国で、そういう戦争を始めた政治家は国民に対して開戦責任と敗戦責任を負う。その大原則から考えると、ヒトラーはもちろんだが、イギリスのチェンバレン首相やチャーチル首相も同罪である。

ポーランドのモチスキー大統領も同じで、ヒトラーに抵抗したのは勇壮だが、結局は国を失ったうえに、国民を長く不幸にした。モチスキーがイギリスやフランスをあてにしたことは政治的大失敗だったと思うが、それを書くイギリス人やフランス人はいない。

しかし、それを分かっている人は多いと見えて、第二次世界大戦に大勝利した直後の総選挙で意外にもチャーチルは落選した。戦争は大義名分だけで戦われるものではないのである。

バランス・オブ・パワーは大使館の位置と規模で分かる

国際関係を知るための分かりやすい例として、大使館の所在地と規模がある。

たとえば、わが国のイギリス大使館は半蔵門《はんぞうもん》にある。日本にある各国大使館の中で、最も皇居に近い場所にあるのが、イギリス大使館である。明治維新から長い間、イギリスが日本にとっていちばん重要な国であったことの名残だ。

アメリカ大使館は虎《とら》ノ門《もん》にある。首相官邸に最も近い場所にあるのが、アメリカ大使館である。戦後の国家元首は天皇ではなく首相だという憲法解釈が思い出される。アメリカ大使館の規模と場所は、戦後の日本にとっていちばん重要な国がどこかを端的に示している。

これは外国でも同じである。一九九〇年代にベトナムに行ってみたところ、ハノイ市の各国大使館でいちばん大きくて立派なのは、ロシア大使館だった。その次にいい場所にあるのが、アルバニアなど長年友好関係にあった社会主義国である。それからインド。インドはベトナムの解放闘争を支持した。かつての敵国、アメリカの大使館は当時なかった。日本は何番目かと数えてみたら、三十二番目の友好国として扱われていた。中心部から遠ざけられた場所で、建物も小さい。日本はアメリカの子分で、かつては敵国であったからだ。

しかし、今でもいちばん援助をしているのは日本なのだから、これはおかしい。駐ベトナムの小倉和夫《おぐらかずお》大使（当時）は、三十二番目の友好国として扱われることに対し、上品に不快感を表明していた。

驚くのが、マレーシア大使館である。なかなか立派な建物が、いい場所にあった。なぜ、マレーシアはベトナムにとって重要な国なのか。

これは、前述したバランス・オブ・パワー政策の具体的な姿だという気がする。ベトナムが周辺諸国で恐れている国の一つは、タイである。ラオスとカンボジアは山奥にあるから脅威ではない。タイはなかなかの強国で昔から強い軍隊がいて、戦前、戦中、戦後と独立を守りつづけてきた。そのうえ、今はどんどん経済発展を続けている。

ベトナムは、いつの日かタイと対立するかもしれない。では、その時の用心にはどうすればいいのか。タイの向こう側のマレーシアと友好関係を結んで、タイを挟《はさ》み撃ちにするのがいちばんいい。同じくマレーシアもそう思ってか、ベトナムとの親善外交や経済交流には力を注いでいる。これは日本人が忘れている国際関係の姿である。みんな仲良くの全方位外交論では見えないものを見たような気がした。

ベトナムにとって、もう一つの脅威は中国である。いつまた、攻め込んでくるかも分からない。中国を挟み撃ちにするとなれば、日本と手を組むのがいちばんいい。

だからベトナムは親日的で、自衛隊も歓迎されている。昔の日本陸軍は偉かった、ホンダのオートバイは素晴らしい、と何でも褒《ほ》めてくれる。理由は中国が怖いからで、日本はあまり喜んではいけない。

その後、アメリカはベトナムへの経済封鎖を解除して親善外交を始めたが、これも中国包囲政策の一環に違いない。

アメリカに「NO」を突きつけたアジアの国々

では、現在の日本を取り巻く国際関係はどうなっているのだろうか。

日本にとっていちばん重要な国際関係は、アメリカとの関係である。戦後、日本に関わる重要な国際問題はすべてアメリカが決めてくれた。極言すれば、日本の舵取りは誰でもよかった。それくらい影響が大きかった。

ところが、日本が進むべきか退くべきか、必ずしもアメリカが決めてくれない時代になりつつある。現に、尖閣諸島や南沙《なんさ》諸島を通る日本のタンカーが中国海軍から攻撃されても、アメリカの某高官は安保条約の適用範囲外だと言っている。条約上の適用範囲は「極東」で、極東とはフィリピン以北だが、それは日本の死活的利害に関する場合だけで、タンカーまでは守らないということだ。

アメリカの外交・防衛政策は容易に変わる。将来、日本が中国と紛争を起こしても、アメリカは喜ぶだけで、助けてくれないかもしれない。その時になって、とたんにアメリカ憎しとなってはいけない。当然起こりえることだと普段から考えておくべきである。

もう一つのポイントは、日本とアメリカが対立した時に、日本およびアジア各国はどうするのかという問題がある。そういう新しい時代がこれから来る。

細川護熙《ほそかわもりひろ》首相（当時）は、戦後の首相として、初めてアメリカに「ＮＯ」と言った。対立したのは貿易摩擦の問題だ。貿易不均衡を解消するため、アメリカは日本の輸入増大に数値目標の設定を提案したが、細川首相は、「数値目標の設定は、管理貿易につながる」と拒否した。

アメリカは、同意しなければ制裁措置を採ると言っていたが、細川政権は、それは実行不可能だろうと相手にしなかった。事実、アメリカには二の矢がなかったので、それを見たアジア各国もアメリカに対して「ＮＯ」と言うようになった。

まず、シンガポールが「ＮＯ」と言った。

一九九四年三月、シンガポールでアメリカの若者がムチ打ち刑の判決を受け、アメリカ政府は刑執行の中止を要請したが、シンガポール政府は拒否した。そんな野蛮な刑はやめろというわけだが、シンガポールの法律はすべて英語で書いてあるからアメリカ人でも読めたはずだ、というのがシンガポール政府の返答だった。

さらに、その少年は発表では自動車にスプレーをかけたということだが、本当は路上駐車を専門に狙う泥棒で、その証拠もあると返答した。

そのうえ、面白いことにアメリカの世論がシンガポールに味方して、非行少年にはムチ打ちがよいという投書がたくさん寄せられたので、クリントンは黙ってしまった。結局、六回のところが四回に減刑され、ムチ打ちの刑は執行された。

北朝鮮も核査察問題で「NO」と言った。マレーシアはEAEC（東アジア経済会議）の問題で、中国は人権問題で「NO」と言った。

アジアの国々が、平気でアメリカに「NO」と言う時代になったのは、その頃のアメリカが内向きになったことと関係があるかもしれない。さて日本はどうするか――。

ソウル地上戦――その時、日本はどうする

米朝関係が緊迫した一九九三年十二月、アメリカ海軍は巡航ミサイル・トマホークを使

えば、北朝鮮の原子燃料施設を破壊できると考えた。たいして金もかからないし、アメリカ兵の犠牲も出ない、と言ったので、この時は、かなり危機的な状況にまで発展した。

しかし、翌九四年一月になって、アメリカ陸軍がこの作戦に反対した。北朝鮮が、もし米軍がミサイル攻撃してきたら地上戦でソウルを火の海にする、と言い出したからだ。韓国にはアメリカ第二師団の三万人に加えて、その家族の三万五〇〇〇人がいる。兵士の家族を先に引き揚げなければ、戦えない。

だが、一度に米本土には運べない。アメリカの輸送機だけでは足りないし、一時的に彼らを避難させる宿泊場所にも困る。日本に協力の要請が来るだろう。しかし、自衛隊の輸送機がソウルに行けば、海外派兵と言われるかもしれない。

アメリカの輸送機を日本国内のどこに着陸させるかという問題もある。日本の飛行場は当時九〇あったが、そのうち地方公共団体が管理していたのは六割ほどである。その県の知事が革新系である場合は、着陸を許可しない可能性がある。

自衛隊が管理している空港は小松《こまつ》や千歳《ちとせ》などにあるが、三万五〇〇〇人の面倒を見るのは誰か。自衛隊にそんな設備はない。県庁にはホテル・旅館を探す能力があるが、知事によってはアメリカが勝手に始めた戦争だと考えてこれを拒否するかもしれない。

そもそも、知事に頼みに行くのが、外務省なのか防衛庁（現・防衛省）なのかも決まらない。ＪＴＢに頼もう、となっても、誰が金を出すのか決まらない。アメリカ政府は、「これは日本を守るための戦いだから、金を払うのは日本だ」と言い出すかもしれない。

そんな状況になった時どうするのか。

一九九四年の六月、私が教授を務めていた多摩大学の学生に、次のようなアンケートを出してみたことがある。

アメリカから三万五〇〇〇人の家族の引揚げに協力してくれと要請されたとして、そこで、もしあなたが首相だったら、

①即座に「ＹＥＳ」と言う
②即座に「ＮＯ」と言う
③「一週間待ってくれ」と言う

の、どれを選ぶかと聞くと、多摩大学の学生の八〇パーセントが、第二の選択肢、「ＮＯ」と回答した。

そこで私は解説をした。もし「NO」とか、「一週間待ってくれ」と言ったら、今後一〇〇年間くらいアメリカとの関係は元に戻らない。日本はなんて冷たい国なのか、家族を世話するのは防衛問題というよりは人道問題ではないか、という声が第二師団のみならずアメリカ全土に沸き上がり、日米安全保障条約は解消となる。

諸君はそこまで決心がついているのか。ついているとすれば、たとえば、安保条約はないほうがいい、アメリカが起こす戦争に巻き込まれて何兆円も支払うくらいなら、日本はその費用で自衛隊を頑強にしてアメリカにはもう何も頼まない、ということなのか。あるいは、たぶん北朝鮮は原子爆弾を持っていない、アメリカ海軍は自分の失業防止のために事件をつくっているのではないか、という判断なのか、さらに言えば、日本は一年あれば原爆を一〇〇発つくって、自分の力でアジアの平和と民主主義と自由を守る、そういう考えなのか。

そういう説明をしてから、再びどれを選ぶかと聞いたら、今度は「YES」が九〇パーセントになった。情けない話のように見えるが、日頃から判断材料を持っていないのだから仕方がない。国際問題を知らなかっただけのことである。

つまり、大学では高邁《こうまい》な国際関係論は教えても、国際関係の実態は教えていない。新聞も書かないし、テレビも言わない。政府も国民に説明していない。しかし、現実に国際紛争が起こってから知るのでは遅すぎる。

他の大学でも学生や教授がたに同じアンケートをしてみたが、結果は同様だった。

それから、「一週間待ってくれ」と答えた人に「その一週間で何をするのか」と聞いたが、具体的な答えはなかった。心細い話である。

余談ながら、今度同じようなことが起こってまたアンケートをする時は、

④首相を辞職する

というのを入れておこうと思っている。

アジアの覇権をめぐる日本と中国

一九九二年十一月、アメリカはフィリピン議会の決議に従って、フィリピンから軍隊を引き揚げた。ソ連の脅威も消えたし、アメリカの財政状況も悪化したからである。これで、東南アジアに軍事的な空白が生まれた。東南アジア一帯に強い国がなくなったのである。

アジアでアメリカの影響力が低下して、動きはじめたのが中国である。その代表的な例が、南沙諸島（スプラトリー・アイランズ）をめぐるベトナムと中国の争いである。

南沙諸島というのは、南シナ海の最南端にある群島である。潮の干満によって海面から出たり沈んだりする程度の、約一〇〇の小島や環礁で形成されている。現在、この領有権を主張している国は、中国、ベトナム、フィリピンなどの六カ国である。

その中で、最も強硬に領有権を主張しているのが中国で、自国の領海法に南沙諸島を明記し、人工島を造成して海難救助組織を常駐させている。

関係各国がこの小さな群島を欲しがるのは、この付近の海底から石油が出ると予想されているためで、中国が自国の領海法に南沙諸島を組み込んだ時（九二年二月）、周辺国は強く反発した。ベトナム海軍は、中国海軍と実際に交戦した。江沢民《こうたくみん》総書記（当時）が話し合いに出向いたが、物別れに終わった。

ベトナムがアメリカにカムラン湾を貸そうとしたのには、こういう背景がある。カムラン湾とは、以前、ソ連海軍が使っていたベトナムの軍港である。ベトナム側は大歓迎するから来てほしいと言っている。アメリカもベトナムの提案に前向きな姿勢を見せた。

こうして、ベトナムと中国の関係が険悪になったので、とばっちりを恐れたアセアン諸国は五カ国会議を開き、南沙諸島はどの国の領土なのか、はっきりさせようと考えた。この会議には、日本も招待された。招待の理由は、中東から日本に行くタンカーがこの海域を航行しているからということだった。

しかし、これは表向きの理由で、アセアン諸国は日本に東南アジアのパワーバランスをとってほしかったらしい。強国と強国が対峙していれば、なかなか揉《も》め事は起こらない。アセアン諸国は中国の言いなりになるのは嫌だから、日本と組もうということになった。

つまり、アセアン諸国は、日本を強国だと思っている。それから、面白いことに、中国はこの五カ国会議の日本参加に反対した。日本が強国だと認めているのだ。

ところが、日本は会議への参加を断わってしまった。南沙諸島付近を迂回して別のルートで石油を運んでも、ガソリンの値段を何円か値上げすれば問題が回避できる。戦争予防を調停するより、ガソリンが高くなるほうが楽だ、というわけだ。日本はアジアの一員だなどと言っているが、これではウソになる。

もっとも、逃げて正解だとも言える。なぜなら、実際に面倒に巻き込まれた場合、自衛隊は何もさせてもらえないからだ。前述したとおり、また先述のイラク派遣問題からも明らかなように、日本には、海外に自衛隊を出すのは平和を乱すことだと思っている人がたくさんいる。だから、自衛隊はなかなか出ていけない。

自衛隊が出ていけないなら、日本が東南アジアの揉め事を収めるニラミがきかない。だから、逃げ出したのは現実的な対応ではある。

しかし、アセアン諸国は日本が出てくることを望んでいた。いずれは自衛隊に来てもらったほうが平和になると言い出すに違いない。

日本の軍事力はアメリカの「新しい脅威」か

南沙問題から逃げ出したことで、日本はアジアから頼りない国だと思われている。ところが、アメリカでは日本が新しい脅威だという声が上がっている。

一昔前までは、アメリカの脅威といえばソ連だった。しかし、ソ連は消えてしまった。日米安全保障条約があるのに、なぜ日本が脅威だと言われるのだろうか。それを説明するには、「脅威」という言葉の意味から考えなければならない。

脅威は、「意図」と「能力」に分けられる。侵略する意図があるのか、侵略する能力があるのか、ということである。

ひと頃のソ連には日本を侵略する意図があったが、ウラジオストクの極東艦隊の力がアメリカ第七艦隊より下だった。つまり、意図はあったが、能力がなかった。

今の日米関係はこの逆である。日本はアメリカを攻撃する意図はないが、もしかしたら能力がある。少なくとも、潜在的な能力がある。アメリカから見れば、「日本はプルトニウム爆弾を一年で一〇〇発つくる能力を持ち、すでにH2ロケットを打ちあげ、H3ロケットを準備しているのだから、いつでもワシントンに撃ち込める。原子力空母も、日本の経済力なら三年もあれば五隻でも六隻でもつくれる」ということになる。だから、新しい脅威なのである。

いくら日本側が「アメリカを攻撃する意図はない」と言っても、「能力があれば意図はあとから出てくるものだ」と言うアメリカ人がいる。また、日米交渉で日本は名誉を何度も傷つけられたから、間もなく、反米はともかく自主防衛能力を持ちたいと思うに違いないと考えている。

だからアメリカの安保肯定論者は、日米安全保障条約は「ビンのフタである」と説明する。日本の核武装にフタをしているのだから、片務《へんむ》的でもよいではないかとの喩《たと》えである（そう聞くとビンは何なのかと気になるが、その話は触れないで先へ進もう）。

日本政府は周辺を侵略する意図がないことをきちんとPRしている。日本国憲法は平和憲法で、自衛隊は憲法に縛られているから簡単には動けない、と説明している。能力がないこともＰＲしている。自衛隊を外国に公開しているのはそのためだ。アメリカ人でもイギリス人でも、「なんだ、この程度か」と安心している。

しかし、中国や北朝鮮が野心を持たぬように、それを防ぐくらいの実力は持っているところも見せている。

日本は軍事費をＧＤＰの一パーセントしか使わないと公言してきたが、日本のＧＤＰはおよそ五五〇兆円もある（二〇二一年）。一パーセントで五・五兆円だ。世界第九位の軍事費大国で、アジア各国からは安定勢力として頼りにされている。

だが本当に安定勢力なのかは日本自らが決めることで、日本はどういう国家目標を持っているのかを、日本自身が明らかにしないかぎりはむしろ〝新しい脅威〟と思われるのである。

日本の言い分を主張すべき時代

日本は戦後七八年、アジアに対して一貫した姿勢を保ってきた。アメリカのように自分勝手なこともせず、迷惑もかけていない。アジア諸国が日本に文句をつけようとすれば、

「日本は七八年前に侵略戦争をした」とか、「日本はアジアを蔑視《べっし》している」ということしかない。だからアジア各国は、この二点を対日外交のカードにしている。

日本はこれらの批判に対して、自らの言い分を述べていない。国際関係において、相手の批判に対して自分の言い分を言わないことは、すなわち国益の損失である。まして謝ることは、自殺行為に等しい。

では、アジア各国の日本批判に対して、日本にはどんな言い分があるのか。「日本は七八年前に侵略戦争をした」という批判に関しては、こんなことが言える。

日本がアジアから出ていった後、イギリスがビルマ（現・ミャンマー）に、オランダがインドネシアに、フランスがベトナムに侵略を行なった。アメリカはフィリピンに対して日本がすでに与えていた独立を取り上げた。その後はベトナムにも攻め込んだ。アジア各国が日本のことばかり言うのは、日本から金を引き出そうとしているからである。

「日本はアジアを蔑視している」という批判については、どうだろうか。

まず第一に、アジアで経済的に成功した国々は、日本から浴びるほどの援助をもらった。敗戦国の焼け野原の日本から、戦争賠償をもらった。他方、日本は明治維新の時、どこからも援助を受けていない。当時は「国際援助」という発想はない時代で、日本は自力で近代化と工業化を成し遂げた。外国からの借金は完全に返済した。

第二に、豊かになったアジアの国々は、自国より貧しい国に継続的な援助をしていない。むしろ、軍事力を増強して隣国と紛争を起こしたりしている。それから、もう豊かになったから日本に返済すると言い出さない。

他方、日本は昭和二十九年（一九五四年）、イギリスと一緒にインドへの援助（コロンボ・プラン）を行なったが、昭和二十九年といえば、まだまだ日本は貧しかった。それでも自分よりさらに貧しい国には援助を出したのである。

日本は昭和二十三年から翌二十四年にかけて、アメリカからガリオア・エロア基金という一八億ドルの援助を受けた。この援助は贈与とされたので、日本は国会で感謝の決議まででした。ところが、何年かして「返してほしい」と要求されてしまった。なんだ、贈与ではなかったのか、という議論もあったが、しかし、政府は「返せるのなら返そう」という結論を出し、「ガリオア・エロア基金は債務と考える」という国会決議を出した。昭和二十九年から返済交渉が始まり、昭和三十六年に妥結、翌年返済協定を締結した。返済総額は、四億九〇〇〇万ドルであった。金額はともかく、返済しようと自ら考えたのは日本の根性である。

第三に、アジア各国は留学生を出す時、その費用を自国で出すことは少ない。留学にかかる金は、相手国の国費によって賄《まかな》われることが多い。自国が費用を出さないから、留学生は相手国のシンパになる。そして、勉強した知識を自分一人のものにして、同胞に教えない。

祖国に帰って就職すると、会社には自分の能力に見合った高い報酬を要求している。そういう人が集まった政府だから、政府も自国を救うためには金を使わない。社会資本の整備まで他国の援助や投資に頼る国になる。

この点、日本は対照的である。

たとえば、明治維新前夜の文久《ぶんきゅう》三年（一八六三年）、薩摩藩とイギリスは戦火を交《まじ》えた（薩英戦争）。薩摩藩はイギリスの近代兵器に敗れ、町を焼かれた。

薩摩の人たちは自分たちが劣っていることを知ると、ただちに優秀な留学生一九人をイギリスに派遣することを決めた。身分は低いがいちばん賢い若者を選び、藩費で留学させたので、留学生はイギリスから帰ると、みんなに自分の得た知識を教えた。みんなの金で行かせてもらったから、みんなに知識を広げるのは当然のことだったのである。

このように、日本と比較するとアジアの国々は国家としての一体性と自主性に欠けている。経済的なけじめが曖昧で、それがいつまでも続く。彼らは「日本は先進国だから、後進国であるわが国を援助するのは当然だ」と言うが、とても日本の後を進んでいるとは思えない。日本の後を進んでいるのなら、「援助の返済」を考えねばならぬ。

だから、日本人がアジア諸国を蔑視するのは当然だと言うつもりはないが、「日本はアジアを蔑視している」と言われれば、日本の考えをきちんと説明しなければならない。国際関係では、遠慮して自分の言い分を引っ込めても、誰も「日本は謙虚な国だ」と褒めたりはしないのである。

(2) 平和愛好家《パシフィスト》が「戦争屋」を育成する

「人権」を盾に戦争をしてよいのか

「侵さず、侵されず」という理想は、たしかに素晴らしい。しかし、現実には理想を掲げたことによって起こる戦争がある。

たとえば、「人権を守る」という理想がある。人権が守られるに越したことはないが、現実には、人権が守られないことのほうが多い。では、その時はどうするのか。

一九九二年、国連のガリ事務総長（当時）は、人権を守るためなら国境を越えて攻め込んでもかまわないと考え、「国境を越えて介入する義務」がある、と言った。日本の外務省もこれに賛成している。

一九九二年十二月、アメリカのブッシュ大統領（当時）が内戦中のソマリアに派兵した。しかし、ソマリア政府はアメリカに派兵を要請していない。国連の決議もなかった

(武力行使を容認した安保理決議は翌九三年のこと)。アメリカ議会の決議もない。ブッシュ大統領だけの命令で海兵隊がソマリアに上陸した。そして、日本の外務省はこの攻撃を支持すると言った。

ある雑誌で外務省の条約局長と対談した時、「米軍のソマリア上陸は、フセインのクウェート侵攻と同じではありませんか」と質問してみた。すると、条約局長は「ソマリア上陸の動機は善である。アメリカ軍は『赤ん坊にミルクを飲ませるため』に上陸したのだから、正しい。諸外国もすべて反対しなかった。だからよい」と言った。

しかし、動機が善であれば、国境を越え何をしてもいいのだろうか。たとえば、アメリカの市民から見ると、日本の子どもは偏差値教育でひどい目に遭《あ》っている。それをアメリカの新聞が連日書き立てたとする。

「日本の子どもが親を金属バットで殴り殺した」「日本の子どもが今度は包丁で親を刺した」「原因は偏差値教育である」「校門に女子学生が挟まれて死ぬこともある」「体罰教師がいる」「いじめで自殺する子どもを学校は救えない」「これは人権問題だ、救わなければならない」。そこで突如、東京湾にアメリカの海兵隊が上陸して、文部科学省を包囲し、大臣に「偏差値教育はやめる」というサインをさせる。

そうなれば、ＣＮＮニュースは喜びに沸く日本の子どもたちの映像を流すだろう。アメリカは日本の子どもたちの人権を守ったということになる。

「これをどう思いますか」と条約局長に聞いてみると、「そんなことは起こるはずがない」という答えが返ってきた。それはそのとおりだ。現実には起こらないだろう。しかし、ソマリアでは起こったのだ。諸外国が賛成なら何をしてもよいというのなら、日本は教育に限らず外国から攻撃されそうなことを他にもたくさんしている。鯨問題などがそうだが、日本の考えを主張しても通らない、と外務省が早々と諦めては困る。

理想は各国で相違することがある。自分が信じる理想を悪と決めつけられて、他国に武力行使をされては困る。つまり、私は条約局長に「内政不干渉と人権擁護のどちらをとるのか」と聞いたのである。内政不干渉とは、他国への干渉は紛争の種だからお互いにやめよう、という昔からの取り決めである。

しかし、「人権」という理想は国境を越えたがるだろう。それを野放しにすれば戦争になることもある。日本は、この問題をどう考えるのだろうか。

これは、国際関係を考える一例である。国際関係といったら、すぐに国際親善で、国際関係は増やせば増やすほどいいと思っている人が多い。

しかし、A国とはまったく付き合わない、ということも国際関係である。戦争をしない技術の一つだ。あらゆる国と仲良くできれば、それに越したことはないが、しかし、もしも相手に原因があって仲が悪くなった時はどうすればいいのか。あるいは、日本の常識を悪だと多くの国から決めつけられた時はどうすればよいのか。

歴史の逆説――平和主義者がいると戦争が始まる

隣国と仲が悪くなって揉め事が起こっても、すべて話し合いで解決すべきだし、解決できると思っている人たちがいる。「パシフィスト」といわれる平和主義者である。日本には、パシフィストが大勢いる。

「戦争について考えるから戦争が起きてしまう、考えないでいれば戦争は起こらない。武器を持っているから使いたくなる、持たなければいい。軍隊があるから戦争が起こる、だから軍隊を保有してはいけない」というのがパシフィストの主張である。

そういう考えは昔からある。アメリカでは、ペンシルベニア州にクエーカー教徒が集団移住してそれを実行していた。ただし、彼らは自分が「人殺し」にならないことが直接の目的で、戦争の防止や廃絶は、世界中に信者が増えれば自然に達成されるという間接的な結果だった。彼らは侵略に対しては絶対無抵抗主義で、自分や自分の家族が殺されてもそれは覚悟のうえである。

旧日本社会党（社会民主党）の年来の主張はまさにこれで、実に立派なものである。ところが、侵略の脅威が現実に迫ると——それから与党になると——一九九四年に突然、自衛隊は合憲で必要だ、に変わった。

クエーカー教徒のように絶対無抵抗主義で、「人殺し」は絶対しませんという理想に燃えていたはずの党が、国のためなら「人殺し」もするというのだから、アッと驚く。もっとも、これは社民党の問題だから横へ措くとして、それより日本国はこれからどうなるのだろうか。軍国主義への道を歩むのではないかと心配する人のために、歴史の教訓を書いてみよう。

歴史を調べてみると、パシフィストがいると、むしろ戦争が起こっている。絶対に一歩も引かない、必ず戦う、と両方が思っている時はなかなか戦争にならない。

これは実例がいくらもある。たとえば冷戦がいちばん分かりやすい。いつかはやるぞと思われていたが、米ソはとうとう衝突しなかった。一九六二年のキューバ危機が、戦争にならず「危機」に終わったのは、米ソが開戦覚悟で激しく対立していたからである。逆に、平和を信じている時のほうが戦争が起こりやすい。

大東亜戦争で言えば、昭和十六年（一九四一年）十二月六日、開戦前夜のワシントンでは、誰もが戦争にならないと信じていた。日本がアメリカに戦争を仕掛けるなど、そんな馬鹿なことはないと全員が思っていた。

一九九〇年代、経済摩擦などの日米交渉を取材した記者が「ワシントンはまさに開戦前夜の雰囲気です」などという記事を送ったが、当時、開戦前夜の緊張は存在しなかった。日本国内も同じだった。まさかアメリカを相手におっぱじめるなんて、ありえないと国民は思っていた。

だから、戦争を始めたらどうなるのかという研究が不足していた。日本は何も分からず、「ナントカナルサ」で開戦したのである。それくらい日本人は平和国民だった。

また、宗教法人がまさかサリンをつくるとは誰も考えていなかった。自動小銃も量産の一歩手前であったとは、まさに寝耳に水であった。宗教団体は人殺しをしないと、油断していたから大事件に発展する。坂本堤《さかもとつつみ》弁護士一家殺害事件の時も、警察はオウム真理教の捜査をためらっていた。警察ですら、宗教団体がそんなに悪いことはしないと思い込んでいた。それが無法者の台頭を許した。平和愛好家が「戦争屋」を育成するのである。

平和な時が、いちばん危ない——第一次世界大戦の教訓

第一次世界大戦は一九一四年、オーストリアの皇太子を暗殺した〝セルビアの一弾〟で始まったと言われているが、その時はその一弾で終わりだとみんな思っていた。「こんな平和な時に、なんで戦争が始まるんだ。心配はいらないよ」と、みんなダンスパーティーをしていた。オーストリア皇太子を撃ったセルビア人の青年が、セルビア政府の指示で動いたという証拠はどこにもなかったからである。

緊張は何もなかったが、ちょっと脅してやろうと思ってオーストリアは一カ月後にセルビアに最後通牒《つうちょう》を出した。最後通牒は、これから戦争を始めるという宣言ではない。

もちろん、オーストリアには、最後通牒が受け入れられなければ戦争をする覚悟はあった。しかし、実力が段違いだから相手は折れるだろうし、折れなくても局地的な紛争で終わると思っていた。

ところが、それを見たロシアが、オーストリアの勝手にはさせないということで、動員令を発令した。それを見て警戒したドイツやフランスも動員令をかけたものだから、みるみるうちに軍隊が集まってきて、俺も俺もという具合で戦争になってしまった。しかし、ロシアやドイツ、フランスは、まさか欧州で大戦争が勃発するわけがないと思って動員令

を出したのである。

昭和十二年（一九三七年）七月七日の盧溝橋《ろこうきょう》事件の時も、まさか泥沼の日中戦争に発展するとは誰も思っていなかった。その証拠に、四日後には現地停戦協定が成立している。

この事件は、中共軍の『戦士政治課本』の中に明記されているとおり、毛沢東《もうたくとう》の軍隊が日本軍と国民党軍に発砲して両方へけしかけたというのが真相だが、両軍は冷静で駐屯地への帰還を開始していた。日本軍の中には、「どうせ平和になるから、その前にひと稼ぎしておけば勲章がもらえる」と考える人はいたが、大戦争になると思った人はいなかった。大戦争をしようという人もいなかった。

このように、平和に浸《ひた》っている時のほうが事件が起きやすい。それは油断しているからだ。平和主義者が両方にいるほうが危ない。両方本気のほうが喧嘩にならない。

何でもない小火《ぼや》が大火事になるのは、真実を知らなくて妄説《もうせつ》が飛び交うからだ。妄説が飛び交うと、敵がやるならこっちも早くやろうとなる。なにしろ、その時は妄説だと分からないのである。敵を過小評価したり過大評価したりして、大事件になる。先に記したように、人間の前頭葉はまだ不完全だから、妄説はけっしてなくならない。

ベトナム戦争、マクナマラの誤算――『兵法』の極意を忘れたアメリカ

その意味でも、孫子の『兵法』にある「敵を知り己を知らば、百戦百勝す」という言葉は含蓄《がんちく》が深い。己を知っていても敵を知らないなら勝率は五割で、「己も知らず敵も知らず戦えば、百戦百敗す」とも言っている。当たり前のことだが、〝知る努力〟はもっとしたほうがいい。

敵をなめてかかったらひどい目に遭ったというのは、アメリカの場合はベトナム戦争だ。アメリカはベトナムという敵を知らなかった。だから戦争になった。

アメリカは、ベトナムぐらいは一週間で片付くと思って始めた。すると、意外にしぶとい。それじゃあ爆撃隊を出せと、爆弾の雨を降らせた。「敵を石器時代に戻せ」と言った。

つまり、テレビも冷蔵庫も、洗濯機もない、原始人の生活に戻してしまえば、敵は降伏すると考えた。

しかし、これはアメリカ的文明人の考え方だった。敵は今でも石器時代のような暮らしをしているとすれば……と側近に言われて、マクナマラ国防長官はグッとつまったという話がある。

ベトナム戦争の目的は、継戦意志の破砕《はさい》だった。野戦部隊を全滅させれば諦めるだろう

というのが、欧米人の考えだ。ところがベトナムでは、ソ連や中国など後ろから最新兵器の補給が来た。ベトナムの兵士は〝一寸の虫にも五分の魂〟で頑張った。ベトナムが徹底抗戦するとはアメリカは計算していなかった。

ジョンソン大統領（当時）は、ベトナム戦争に際して「ベスト・アンド・ブライテスト」と呼ばれるブレーン集団を集めた。その中に、マクナマラがいた。フォードでコンピュータを使って経営建て直しに成功した優秀な人物で、ベスト・アンド・ブライテストの中でもっとも弁が立ち、重用された。

マクナマラは、ベトナム兵一人殺すのには小銃弾が三〇〇〇発あれば大丈夫だ、という具合に、数字で戦争を計算した。

しかし、そう計算どおりにはいかない。なぜなら、敵が減れば減るほど目標も減るから、小銃弾を三〇〇〇発撃てば一人に当たる、という計算が狂ってくる。

結局、ベトナム戦争では、五万八〇〇〇人の米兵が死んだ。マクナマラにしてみれば一〇〇〇人ぐらいしか死なないという計算だったから、大誤算だった。

これは敵を知らなかったという話である。戦争は、数字だけでは捉えられない。

同じようなことは日本にもある。戦前生まれの人間なら誰でも知っているが、日本は神国だから負けない、というのがあった。アメリカは民主主義の国で、国民はお坊ちゃんだから銃剣突撃をすれば泣いて逃げる、と思っている人がたくさんいた。

ところが、戦争が始まると、アメリカの大学生は続々と軍隊を志願した。一方、日本の大学生はほとんど志願しなかった。だから、学徒動員が必要だった。

学徒動員は、大学生がお国のために勇躍志願したと思われているが、真っ赤なウソで、誰も勇躍志願しないから強制措置が必要になったので、アメリカが学徒動員しないのは、どんどん志願したからだ。

つまり、軍国主義の国より、民主主義の国の学生のほうがすすんで戦争に行ったことになる。あるいは、日本は言われるほど軍国主義の国ではなかったとも言える。

北朝鮮の「核」を見極める目

一九九五年以来、日本が核開発疑惑で北朝鮮と行なってきた交渉も、まさに相手を知らずに行なわれたものだ。この交渉が行なわれている時、北朝鮮が原爆を一発、二発撃てば、東京は火の海だと思った人が多かった。

しかし、北朝鮮が一九九〇年代に保有している可能性があったのは、濃縮ウランを二・

五キログラム使った広島級原爆なのだ。広島級原爆の威力は、半径一〇〇〇メートル以内の人が死ぬだけである。絶対に助からない爆心地は、面積にすると約三平方キロメートル。東京は二三区平均で一平方キロメートルに一万五〇〇〇人ぐらいの人が住んでいる。一万五〇〇〇人の三倍だから、四万五〇〇〇人が死ぬ計算だ。

多数の死者が出た広島では、木造家屋による火事が起こっていた。それから原爆に対す

北朝鮮によるミサイル発射

北朝鮮は2022年11月18日、ＩＣＢＭ(大陸間弾道ミサイル)「火星17」の発射実験に成功したと発表した
(Office of the North Korean government press service/UPI/アフロ)

る知識がなかったから、翌日、爆心地に入っていった人がいた。救助隊もたくさん入って、放射能を浴びた。

しかし、今は知識があるから、そんなことは起こらない。東京全部が蒸発するように思う人は、原爆と水爆を間違えている。

北朝鮮のミサイルは、命中精度がよくない（当時）という点も見落とせない。狙いがそれて周辺地方に落ちたら一万人ぐらいしか死なない。交通事故で毎年死ぬ一万人（一九九六年に一万人を割り、最近は三〇〇〇人くらいになった）と同じくらいになる。自動車事故の一年分か二年分、多くみて三年分。そんなことぐらいで国家が縮み上がってはいけない。

もし、北朝鮮から核で脅されたとしても、イギリスのサッチャー元首相が日本の総理大臣だったら、どうぞ撃ち込みなさいと言っただろう。三万人ぐらい死んでも、そんなことで国家の方針は変わらない、そのかわり撃ち込まれたら日本は非核三原則を撤廃し、核弾頭を一〇〇発つくって〝同等報復〟か、〝倍返し〟をすると宣言する。資金と技術はあるから、ミサイルだって何百基もつくれる。二、三年も経てば、ロシアを凌《しの》ぐ超精密核大国になって、アジアの平和と安全はすべて日本が責任を持つと宣言できる。

たしかに北朝鮮は二〇〇三年四月、米中朝三カ国協議の場で「核兵器の保有」を言明している。

ところが日本人は、原爆と水爆の区別も知らないで核論議をしているのだから、北朝鮮から見れば、こんなに脅かしやすい相手はない。効果一〇〇〇倍だ。日本が核廃絶の決意を持っているのはいいことだが、原爆と水爆の区別ぐらいは知っていないと、いとも簡単に脅されてしまう。だから、軍事知識が必要になってくるのである。

「アメリカの発表」を鵜呑みにする外務省

一九七〇年代、ソ連がバックファイアという爆撃機をウラジオストクに配備したとき、これは最大進出距離が五五〇〇キロもあると騒がれた。五五〇〇キロといえば、沖縄まですっぽり日本列島が攻撃範囲に入る。ソ連の脅威が顕在化した、と一時期さかんに論議され、軍事評論家や外務省の高官がそれを言い出すと、シーンとして聞いたものだ。

しかし、それはアメリカの国防総省やイギリスの研究所が発表したとおりを言っているのであって、日本の外務省で独自に調べた数字ではない。なぜアメリカが発表したことを、外務省は信じるのか。

そもそも、アメリカの軍人はバックファイアに乗ったこともないのに、どうしてソ連機のことをそんなに詳しく知っているのか、という疑問が生ずる。

最大の疑問は、バックファイアは本当に日本全土を脅かすのか、ということである。最大進出距離とは、爆弾を搭載していない時の航続距離の二分の一である。でなければ、発進した基地に帰投できない。その場合、爆弾を積んだら重量が大きくなるため、当然、航続距離は短くなる。

最大進出距離が五五〇〇キロというのだから、その時は当然、爆弾なしだろうと思って聞いていると、その高官は爆弾搭載二〇トンと言う。ごっちゃにしていませんかと質問したら、彼は黙ってしまった。当時の外務省の軍事知識はその程度だった。だが、それが健全な日本人の水準だった。

しかし、アメリカでそんなことを言えば馬鹿にされるだろう。飛行機の性能について語る場合、爆弾とガソリンの重量はトレードオフ（二律背反）の関係になる。アメリカ人は子どもでも知っている。

ちなみに、当時の『ジェーン年鑑』（世界各国の軍事力を扱うイギリスの年鑑）には、バックファイアの行動半径は一五〇〇～二四一〇キロメートルと書いてあり、その後に搭載量は二四トンと記述している。出撃に際して搭載する爆弾とガソリンの重量を決定するのは、参謀《スタッフ》の任務である。

戦後、日本の安全保障はすべてアメリカがやってくれた。日本人は戦争に無関心でいられた。軍事知識も必要なかった。

アメリカが日本の安全に肩を貸してくれる理由は四つある。

第一は、アメリカ経済がアジア経済に依存するようになったこと。

第二は、日本に対するビンのフタ（56ページ参照）。

第三は、日本が「思いやり予算」で駐留の実費を負担してくれること。

第四は、軍の失業防止である。

だが、その事情とアメリカ国内のモンロー主義（米欧の相互不干渉を提唱する）との兼合いはどうなるのだろうか。

その意味では一九九六年三月、中国が台湾の総統選挙を妨害してミサイル演習をしたとき、アメリカが空母インディペンデンスとニミッツを断固として派遣したことは画期的な事件だった。強いアメリカがアジアに戻ってきたのである。それを見て中国はただちに火遊びをやめたし、それを見て世界は日本も守られていると判断した。

その後、しばらく中国投資は一休みになり、その一部は日本に向けられることになった。守られているのならば日本に営業所を出そう、日本の空ビルを買おう、株を買おうということになるだろうと思っていたら、はたしてフォードがマツダの株を買って進出してきた（一九九六年）。フランスのルノーは日産自動車を傘下に収めた（一九九九年）。不景気に苦しんでいた日本としては、ありがたい追い風となったのである。

このように、経済を見るにも軍事知識が必要な時代がやってきたのである。

第二章

「戦争常識」の非常識

――歴史の分岐点は、ほんの些細なことで決まる

(1) はたして「歴史は必然」なのか――戦争突入の分岐点

「個人」の要素を度外視して「歴史」は語れない

唯物史観では、歴史はすべて必然であると教える。下部構造、つまり、経済構造には独自の発展法則や運動法則があり、その経済構造に従って社会構造が出来上がる。そして、人間の意識はその社会構造によって決定されるという。結局、歴史は経済法則によって必然だ、となる。「存在は意識を決定する」とも教えた。

サラリーマンになるとサラリーマン根性に染まる、部長になると部長らしくなる――というのは分かりやすいが、人間には「自由意志」がある。すべてが必然ではないからこそ戦争責任論があり、戦争謝罪論がある。それと歴史必然論との関係はどうなのか考えてみよう。

実際に歴史を調べてみると、ものの弾《はず》みで転がったような感じがすることが多い。誰がやっても誰が首相になっても一緒だと言うと、いかにもその人は歴史的大局観の持ち主のように聞こえるが、人間が歴史をつくるのだから、それこそ無数のターニング・ポイントが、そこかしこに潜《ひそ》んでいると考えたほうが自然である。

大東亜戦争突入の分岐点はどこだったのか。いろいろな議論があるが、ここでも〝個人〟という要素を度外視して考えることはできない。

昭和十二年（一九三七年）に近衛文麿《このえふみまろ》が首相に就任した時、日本国民の期待はひじょうに大きかった。お公家《くげ》さんだから無茶はしないだろう、陸海軍を抑えられる、潔《いさぎよ》く支那《しな》から撤兵するかもしれない、という大きな期待があった。陸海軍でも、近衛に期待している人はたくさんいた。

それは、アメリカと戦えば負けるのが明白だったからだ。

陸軍は、もともとアメリカと戦争する気など、まったくなかった。帝国陸軍はロシアを仮想敵国として粒々辛苦《りゆうりゆうしんく》つくり上げてきた軍隊である。南方作戦を遂行する自信などない。先の展望は何もない。そこで海軍に、アメリカとの戦争はできませんと言ってくれと頼んだ。

ところが、第二次近衛内閣で就任した及川古志郎《おいかわこしろう》海軍大臣や岡敬純《おかたかずみ》軍務局長は、「膨大な予算をずっともらって、今さら弱気なことは言えない」と断わってしまった。

〝もし、陸軍の頼みを聞き入れて海軍が消極論を言い出せば、陸軍は大喜びして、海軍が腰抜けだからやめたと言うのではないか。それでは、陸軍の格好の宣伝になってしまう〟と、海軍大臣や軍務局長らは考えた。だから、海軍は「総理一任」ということにした。

今、問題になっている省庁の縦割り構造よりはるかにひどい。陸軍、海軍とも強気なことを言って、最後は近衛に決めてくれ、というわけだ。

近衛は何も決められなかったという多数説と、対米戦もまたよし、と思っていたという少数説があるが、どちらにせよ、こういう経緯だとすれば、それが歴史の必然だとは思えない。国より自分が大事という〝ろくでなし〟がたまたま集まっていた、と言ったほうが簡単だ。

ドイツの対英開戦は、なんと外務大臣の私怨から

ドイツの対英開戦も、必然であったとは言えない。ドイツの対英開戦にはいくつかの要因があるが、人の知らない話を書いてみよう。

昭和十四年（一九三九年）当時、ヒトラーはイギリスを十二分に尊敬していたから、イ

ギリスと戦争する気はあまりなかった。

その時、「イギリス恐るるに足らず」と、もっとも激しく対決を主張したのは、外務大臣リッベントロップである。彼はその前はイギリス大使で、それほど反英的な人物ではなかった。ヒトラーに抜擢《ばってき》されて大使になった時は、イギリスと対等に交渉ができると大喜びし、バッキンガム宮殿で丁重にもてなされた、と喜んでいた。

ところが、リッベントロップが自分の子どもをイギリスのハイ・ソサエティの学校へ入れようとしたら、入れてくれなかった。

ドイツ大使の息子だから特別扱いしろ、と言ったあたりが成上がり者のおかしいところだが、とにかく入学は駄目だと言われて、カンカンに怒ったらしい。それでかどうか、ドイツに帰国後は、対英開戦を主張する急先鋒になった。子どものことが原因というと意外な感じがするが、実は案外大きな要因かもしれない。

「歴史の法則」の前には個人の意見など問題ではない、という考えが染み込んでいる人には雑学的な面白エピソードにすぎない話だが、私は、もう少しこだわってみたい。

もちろん、リッベントロップの主張が通ったのは、周辺にそういう情勢があったからだが、しかし、情勢の研究と、当事者の意識の研究は、車の両輪のごとく等しく重要なものだと思う。歴史の結果は一つしかないが、そこへ行くにはいくつも分岐点がある。分岐点の研究は将来に役立つ。それを法則や原則で片付けるのは「思考の節約」であって、せっかくの前頭葉が泣くというものである。

霞ケ関の官僚たちを虚脱状態にした、一政治家の横車

日本の住宅問題についても、こんな思い出がある。昭和四十年代のことだが、当時、経済企画庁（現・内閣府）のエコノミストは「日本の高地価は必然である」という論文を書いていた。国土面積当たりのGNPがアメリカの何々倍だから地価も何々倍であるという簡単な論拠だったが、実際は「農地が過保護で宅地転換できない」のが原因だった。

その時、建設省（現・国土交通省）の某課長は、農林省（現・農林水産省）の某課長と膝詰め談判した。

土地問題というが、要は、東京の農地を市街地や住宅地に変更すればよいだけのことである。そうすれば、東京の住宅問題はたちまち解決する。農林省の課長も最後には分かったという返事をし、東京都内に農地は一坪もないことにしよう。それが東京のためである。日本国のためである。農業は別のところでやることにしよう、という結論が出た。

こうして、新都市計画法案が誕生した。

市街化区域と市街化調整区域を指定して、大都市部の農地には宅地並課税するというのが、この法律の中身である。農地は固定資産税が一〇〇分の一で、しかも相続税がかからなかったが、それをやめることにする。そうすれば農家は土地を売るか、貸し家を建てるだろうという考えを農林省も承知して、お互いに省益を超えた合意が成立した。

ところが、税通で知られる自民党の山中貞則《やまなかさだのり》衆議院議員が、新都市計画法案の中身を知って口を出した。農地課税を一〇〇倍も上げるとは何事だ、というのである。農地への課税を上げるのではなく、東京の農地を宅地に指定変更するだけの話だが、共産党も猛反対になって、結局、農地の宅地並み課税は見送られた。

市街化区域の制度は実現した、指定はした。しかし、農地が市街化区域に指定されても税金は別に上がらない。農民にとって、こんなうまい話はない。市街化区域の中に入れば、道路その他の整備は進むが、税金はかからない。農民は大喜びした。自民党様々になった。

こうして、日本中の市街化区域の指定は途方もなく広くなった。みんな指定してほしいのだから当然である。しかし、保有コストが安くて、しかも値上がりが期待できる農地を宅地に売却する農家はないから、サラリーマンの遠距離通勤と住宅ローン地獄はその後三〇年も続くことになった。

霞《かすみ》ケ関《せき》の官僚は虚脱状態となった。われわれがいくら相談していいことを決めても、自民党にはかなわないのかという空気になった。やがて、だんだんと省庁間の足並みが乱れはじめ、自民党政調会長は昭和五十年代には途方もなく偉くなってしまった。

各省の局長・課長は、他省庁まで相談に行かなくなった。自省の縄張りを譲ることなくひたすら省益を主張して、最後は自民党の政調会長に採決を仰ぐようになった。

これでは国家公務員とは言えない。それまでは日本国家のために一生懸命相談していたのが、今は懐かしい。

さて、新都市計画法案が潰されて後に、スプロール開発という問題が出てきた。スプロール（sprawl）というのは「ばらばらに広がる」という意味である。住宅を建てたが、上下水道がない、道路がないという騒ぎがあちこちで起こった。

市街化区域とは、本来はそこに公共事業を集中するということである。しかし、税収がないから財源がないし、地域指定が広大だから手が回らない。この状態が、一九九〇年代まで続いた。この間、大都市の住民は住宅購入に必死だったが、その淵源《えんげん》をたどると、ある個人の農業偏重思想に行きつくとは不思議なことである。

日本列島は狭いから高地価は必然だ、などという学者やエコノミストの解説を信じて諦《あきら》めてはいけない。必然論や歴史法則を言う前に、知っておかねばならないことがたくさんあるのであって、戦前の陸海軍の争いも、これにひじょうによく似ている。

昭和十六年（一九四一年）に陸海軍が虚心坦懐《きょしんたんかい》に話し合い、揃って近衛首相のところへ行って「対英米戦争はできません」と言うことは何でもないことである。「今まで国民を脅し上げて軍事費をたくさんとってきましたが、やはりアメリカは強すぎるから駄目です」――そう言えばいい。国民は「そうだろう」と納得したに違いない。

近衛首相は、最後は自分とルーズベルト大統領がさしで会談する、あるいは天皇とルーズベルトが会見して、急転直下、和平にしようと考えていた、という説がある。天皇が和平と言えば、陸軍も海軍も従う。陸海軍で調整しろと言ってもできないが、トップ会談で和平と決まれば従うだろう。それまでは思う存分ガス抜きをさせておく。これはお公家さんの伝統的手法だから、あるいはこの説は当たっているのかもしれない。

この場合は、歴史的大団円への舞台づくりだから、日米交渉は揉めてもかまわない。しかも、ガス抜きにもなる――実際こう考えたかもしれないが、トップ会談は実現しなかった。とすれば、近衛の誤算ということになるが、実は対米戦をするのが近衛の本心だったという解説もある。中川八洋《なかがわやつひろ》著『近衛文麿とルーズヴェルト』（PHP研究所刊）が鋭い。

国民にとっては酷すぎた東条英機の無能

一九九五年、貴族院の秘密会の議事録が公開された。その中を見ると、ある議員が東条英機首相（当時）に対して、戦争はいつどうやってやめるのかと質問したら、絶句したというくだりがある。また、東条英機は昭和十七年（一九四二年）の一年間を浪費して、「ああ後悔する」と言っていたらしいが、国民にとっては酷《むご》すぎる話である。

戦争をするには、陸軍と海軍を抑える大政治家がいなければならない。それが本来のシビリアン・コントロールである。ところが、その大政治家を二・二六事件（一九三六年）などで暗殺したり追放したりしたから、ストッパーがいない。陸軍自らストッパーをやらなければいけない時だったが、東条はごらんのとおりだった。こうなると、いちばんの責任者は、東条を首相に推薦した木戸幸一《きどこういち》内大臣ということになる。

木戸は東条なら陸軍を抑えられる、彼は天皇の命令なら聞きます、と天皇に上奏した。天皇も、そうか苦肉の策だ、夷《い》をもって夷を制するようなものか、ということで東条首相が誕生した。総理大臣になれば、東条も陸軍の都合だけを主張するような馬鹿なことはしないだろうという期待があった。

組閣後、天皇は日米交渉をまとめるようにと東条に話した。東条は皇居から参謀本部に戻ってくると、「陛下の大御心《おおみこころ》は平和であるぞ」と怒鳴って廊下を歩いた。それを聞いたという人に、戦後、会ったことがある。

市ヶ谷《いちがや》駐屯地の自衛隊庁舎になっていた建物（現・市ヶ谷記念館）で、この部屋からこの部屋まで……と現場で教えてくれた。それを聞いた陸軍部内も、「じゃあそうするか」という雰囲気になった。ところが、それはすぐに消えてしまった。東条にリーダーシップがなかったのが原因かもしれない。

それから、アメリカのルーズベルト大統領とその側近にはイギリスとソ連のシンパがいて、なにがなんでも日本が立ち上がるように仕向けてきたという事情もある。このように、日米開戦が必然だったなどとは簡単には言えないのである。

蔣介石と毛沢東、その考え方の決定的な違いとは

歴史の分岐点と個人の要素という話でいえば、蔣介石《しょうかいせき》と毛沢東の違いがいい例である。

蔣介石は日本の陸軍士官学校へ留学した経歴がある。新潟県高田《たかだ》（現・上越市《じょうえつ》）の連隊でしばらく勤務して、深い感銘を受けて中国へ帰国した。その後、孫文《そんぶん》の亡き後の国民党を率いて中華民国の大総統になった。

そこで彼は昭和八年（一九三三年）二月、南昌《なんしょう》（江西省《こうせい》）の行営《こうえい》で「新生活運動の要義」という講演を行ない、〝新生活運動〟を始める。たとえば、日本人は朝、顔を洗う時、冷たい水で洗う。中国人はお湯で洗う。中国人はけっして冷飯を食わない。どこでもタンを吐く。結婚式と葬式に見栄をはる。これでは日本に勝てない、と教えた。冷たい水で顔を洗うと、しゃっきりするという日本人の感覚を持って帰ったのである。その究極の目的は「国民生活の徹底的軍事化」であった。

蔣介石は日本に対して憎しみを持っていたとしても、大政治家だから、それをオモテに出したりしない。南下してくるソ連の脅威に対抗するには〝強い日本〟が隣に必要だ、という判断を優先させている。そして、中国も日本を手本として強くなりたいと思っていた。戦中はもちろん、戦後もそうである。

だから「報怨以徳」（怨《うら》みに報いるに徳を以《もっ》てす）という演説をして、終戦の時は日本軍の帰国に便宜を図った。こう言えば日本人はコロッとなるということを留学体験で学んでいたからとも言えるが、本心は、いずれ共産主義と戦う時、日本の応援がぜひ必要だとの判断である。

毛沢東は留学していない。だから農村に住む中国人のリーダーになれた。国家としての外交は留学した人にやらせている。フランス帰りの周恩来《しゅうおんらい》と鄧小平《とうしょうへい》を、うまく使った。歴史の分岐点には、こんな些細なことも大きく影を落としている。

原爆投下とレイテ沖の「決断」の裏側

一九九五年に刊行された『アメリカはなぜ日本に原爆を投下したのか』（ロナルド・タカキ著、山岡洋一訳、草思社刊）という本の中に、驚くべきことが書いてある。

トルーマンは、子どもの頃からひ弱い坊やと言われ、ルーズベルトが急死した後を継いで大統領になった時は頼りないと言われた。本人も当初は自信が持てないと日記に書いている。だから、男らしいところを見せようと思って努力しているところへ原爆完成の報告がきたので、早速、原爆投下を決定したのだと書いてある。

それ以前にも、この話は聞いたことがあった。その時は「ウソだろう」と思ったが、卒寿を越した今では、その気持ちが分かる。そういうことはあるだろうと思う。歴史は、こうした個人の性格によっても左右されるものらしい。

昭和十九年（一九四四年）十月のレイテ沖海戦で、レイテ湾を目前にしつつ、なぜ栗田《くりた》艦隊は反転したのかが、戦後も謎とされている。この「謎の反転」により、レイテに上陸した米軍を撃滅し、フィリピンを確保するという作戦目的は達成されなくなってしまった。もちろん真相は知る由《よし》もないが、いちばん簡単な答えはこうだ。栗田健男《たけお》中将は、実はボーッとしていたのではなかったか。

不眠不休で戦いつづけ、次から次へと理解不可能なことが起こる。腹は減るし眠いし、周りで人は死ぬ。理性的な判断ができる状態ではなかった。残るのは美学である。子どもの時から教育された「軍人はかくあるべし」という美学である。これが、謎の反転の真相ではなかったか。

反転して敵機動部隊の主力に決戦を挑むというのは、美学にすぎなかった。速力二七ノットの戦艦部隊が、速力三三ノットの空母を追いかけても逃げられるに決まっているから、不思議な判断をしたものである。だから他に何か原因はなかったかという議論になるが、それは平和な机上での発想ではないかと思う。

最高司令官は、錯乱状態にならないように気をつけるのが大事な仕事である。しかし、栗田にはそれができなかった。米軍のスプルーアンス提督はそれを十分に気をつけたし、さらに言えば、いかに栗田を錯乱状態にするかを任務にしていた。当時アメリカは、すでに一つの艦隊に二つの司令部を用意するという交替人事システムを導入していたが、その効果も大きかった。

二・二六事件と娘売り——戦後の「戦争常識」の嘘

戦後、常識とされてきたが実はそうではないのだ、という話がたくさんある。しかし、その常識の非常識を語ろうとすると、その時代に時計の針を戻さないと分からないことが多い。その当時の世代の人はすぐ分かるが、若い人には縷々《るる》述べないと分からない。

たとえば、昭和十一年（一九三六年）に起きた二・二六事件についての常識がある。戦後書かれた本はどれを読んでも、その頃の農村は貧乏で娘を売った、それを見た青年将校が憤慨して、財閥を倒せと立ち上がったと書いてある。どこからも文句は来ないからそれですんでいるが、これは必ずしも当時の常識ではなかった。娘が売れない時は一家離散になるが、それに比較すれば売れるだけマシだという常識もあった。当時を知らない若い世代からは、なんということを言い出すんだと道徳的に嫌がられそうだが、当時の常識はもっと現実的で幅があった。

娘は親孝行で褒められたし、高く売れたということは美人の証拠で、本人も自慢だった。芸者になっていい旦那が付くと、人力車に乗ってきれいな着物を着て帰り、まさに故郷に錦を飾った。田舎の子どもたちは憧れて、後ろをついて歩き、店では相撲取りや映画俳優と並んで芸者のブロマイドを売っていた。

農村が疲弊していたのは本当だが、娘を売ったのは農村の一部で、その原因は親が怠《なま》けて真面目に農業をしなかったということもあった。しかし、そうは言いにくいから、天候不順による不作を理由にする。たしかにそれが大きな理由だが、そこへ高利貸しがやってくる。うっかり借りるのは気の弱い人で、翌年からは高利に苦しめられて、一家離散になる。

その一歩前のところで女衒《ぜげん》、つまり女性を遊郭に斡旋《あっせん》する商売人が村へやって来て、そこで契約が行なわれる。それには、「お金を貸します。借金の〝かた〟に娘を連れていきますが、この娘が働いて返し終わったら自由です」と書いてある。前借金は上玉《じょうだま》だと三〇〇円、並だったら二〇〇円という具合で、そのお金で土地を売らないですませ、おおいに働けば、将来は娘を買い戻せるということだった。

二・二六事件

1936年2月26日、陸軍の青年将校は部隊を率いて首相官邸ほかを襲撃。
写真は、平河町《ひらかわ》(現・千代田区)付近の反乱軍　(毎日新聞社)

古くからの日本の習慣だが「抵当物件は使用してもよい」という常識がある。それが利息に相当する。使用の中に含まれる行為の範囲は、いつか調べたいと思っている(戦国大名が相手の大名から人質にとった娘は、側室にしてもよかったらしい)。

家庭を助けるために、自ら戦死した兵隊の話

紡績会社のリクルーターも来て、村から一〇人、二〇人と少女をまとめて汽車に乗せて連れていった。女の子たちは、給料はもらえるし大都市見物ができると喜んで行く。ところが、二年ぐらいすると結核になって帰ってきて、死んでしまう人がいる。その後、村から行く女の子がいなくなる。そこでリクルーターは、もっと山奥の村まで出かける——というようなことが、大正から昭和へかけて、日本の紡績資本が発達した時代に繰り返されていた。

たしかに、女工に行って結核になり、死んでしまった女の子の話は悲しい。しかし、当時の常識では、結核にかかることで誰かを恨《うら》んではいない。結核は、誰でもかかった。二〇歳ぐらいで結核で死ぬのは自然現象のようなもので、だからこそ子どもを五、六人も産んだのである。

生まれてきたからには生きていかなければならないが、国民の六〇パーセントは農家で、農地面積は一戸当たり東日本では三〇〇〇坪、西日本では二〇〇〇坪くらいだから、一家の労働力が余ってしまう。工場でも何でも、外に仕事があれば上々というのが当時の常識だった。工場や町へ働きにゆくと結核にかかりやすいことは分かっていても働きにゆくのは、苦しいわが家の家計を助ける〝口べらし〟である。

当時の道徳観がうかがえる〝親孝行についてのエピソード〟を紹介しておく。

満洲事変の時、ある兵隊のもとに実家から手紙が来た。その手紙を部隊の准尉《じゅんい》が検閲で先に読んだ。准尉というのは若い兵隊の面倒を見ている世話役のような存在だ。その手紙には「お前が死んでくれれば弔慰金《ちょうい》がもらえるから一家が助かる。さもなければ、一家離散である。男の子は三人もいるから」と書いてあった。

准尉は悩んだが、家庭の事情だし、その手紙をそのまま渡してしまう。まさか本当に死んだりはしないだろうと思ったが、手紙をもらった兵隊はすぐに死んでしまった。

戦死するのは簡単だった。敵弾雨飛の中でちょっと立ち上がればすぐ死ねる。敵と遭遇して、流れ弾があちこちに飛んでいるところで立ち上がれば、すぐ当たる。もしも「突撃」という命令が下っている時であれば、勲章がもらえて年金がつく。これが、当時の親孝行だった。その准尉が書いた回顧録がある。

娘が体を売るのは悲しい話だが、息子もまた体を捨てたのである。それから、民間の金持ちは戦死する危険もなく、しかも上玉を買い占めていたので、青年将校たちがその不公平に腹が立ったというのならよく分かる。ここにも、今の常識では分からない昔の常識がある。

こんなことを書くのは昔の常識を肯定しているのではない。そういう苦しみや不合理が常識になっているような社会を変えようと人々は努力して今の明るい日本をつくった。

だから昔に戻らぬよう今もわれわれは絶えず努力をしなくてはならないが、それは単に往時を非難し、否定するだけで実現するものではない。人は環境に左右されやすいから、再び同じような貧乏社会や階級社会が戻ってきたら、または現在の格差社会がさらに進めば、昭和・平成・令和生まれの人でも平気で娘を売ったり、買ったり、喜んで親に身を捧げたりする子どもが現われるのではないか——というところまで考えてほしいのである（まさかそれはないよというのは油断だと思う）。

スターリンを手本にした戦前の国家総動員体制

国家総動員体制とは、自由資本主義をやめて計画経済体制にすれば、前述したような、娘を売る貧乏や失業の苦しみがなくなる、という考えが出発点である。それを邪魔するのは自由資本主義の財閥とそれに飼われていた政党だから、政党政治を打破しようというのが次にくる。

それを推進する勢力は陸軍だが、陸軍にとっては都合のよいことに、ちょうどスターリンのソ連が工業化に大成功して、日に月に強大になってきた。そのやり方は、五カ年計画に代表される計画経済による国家総動員体制である。国家総動員体制はナチス・ドイツの真似をしたと言う人が多いが、実際はスターリンの真似である。

さて、それによって軍事予算の獲得に成功すると、次は配分争いである。国家の総合戦力を高めるというのはすぐ二の次になった。国益より省益、目の敵《かたき》は海軍省というわけだ。陸軍の海軍に対する不満は、自分たちが政治工作をして予算を五億円とると、海軍は何にもしないで同額とっていくことだった。「陸海同額」という協定になっていた。国民からの憎まれ役はいつも陸軍だ、という状況で、陸軍と海軍は戦争が始まってもせめぎ合いを続けていた。実に愚かだ。

「戦術」の秀才が国家「戦略」を立てた悲劇

旧日本軍の上層部を占めていた軍人は、単に士官学校（海軍なら兵学校）や陸軍大学校（海軍なら海軍大学校）で戦術を勉強しただけだから、戦略について学ぶ機会はなかった。戦術の秀才が中佐、大佐になって、重要な日本の戦略を決めていた。

中佐、大佐といえば、まだ四〇歳前後である。それが三〇歳前後の参謀に「お前、起案せい」と命ずる。三〇歳前後の人間が書くと、ただ勇ましく書いてしまう。穏やかに書くと、「気合が入っておらん」と叱られるからだ。ひじょうに勇ましい文章を書く。

それが戦争指導部の状況だった。美学やパフォーマンスである。私はやる気です、私は勇ましいんです、お国のためなら命はいりません、という美しい文章だけを書いていた。どこにも戦略思想がない。もちろん政略思想もない。合理的、論理的な戦争についての議論は、まったくと言ってよいほどなかった。

三〇代、四〇代の軍人に機密費を持たせたところ、彼らは湯水のようにそれらを使って右翼を養《やしな》い、常識人を押さえつけ、自由主義の政治家を暗殺した。それがエスカレートして、やがて右翼の脅迫は陸海軍の軍人にも及んだ。

当初、右翼のテロの標的は「日独伊三国同盟に賛成するか」(政略レベル)、「中国からの撤兵に賛成かどうか」(戦略レベル)という国家レベルの問題から決定されていたが、やがて国策会社をめぐる利権や人事でも動くようになり、端的には機密費をもっとよこせという私益のレベルまで落ちた。機密費をもっとよこせという活動の資金が、これまた機密費とは皮肉なことで、現在に話を移せば、公共事業費を増大せよという運動が公共事業費の一部で行なわれているようなものである。

これは法則のようなものだが、目的が低劣であれば手段もだんだん低劣になるものらしく、右翼は個人の私行を暴いて脅迫するという手段をとったから、私行に問題がある人は国家の命運はそっちのけで右翼に迎合した。そして困ったことに、この伝統は今も続いている。

そのように、誰も意見を言わない、誰も責任をとらない、という状況で開戦が決定されていった。それが軍部ファシズム、国家総動員体制などと言われ、戦後の常識では「歴史の必然」ということになっている。

しかし、真相をもっと具体的に考えれば、どうやら政治を考えられない幼児的な秀才に多額の機密費を持たせたことが、事の始まりのようである。その結果、日本は政治家不在となり、保身と戦術だけに長じた人が、その空白を埋めて戦争を指導したのである。

これは、現在の日米安保やアジアの不安定をめぐる外交と政治にも当てはまるのである。

(2) 軍隊の危機——「機能集団」の「閉鎖集団」化

ホワイトハウス・大統領補佐室での発見

ホワイトハウスの隣に、黒っぽい地味なビルがある。大統領府のビルで、ホワイトハウスの大統領執務室と地下トンネルで連絡している。

その時の私の訪問先は、大統領経済諮問委員長。大統領に経済政策を提案する重要な人物だ。アメリカの財政政策や金融政策、それからドル高、ドル安など、世界経済の問題に大きな発言力を持っていて、日本も彼の発言に影響を受けている。

そんな、世界を動かす人に今から会うのだと私は緊張した（正確に言うと、その人と会う某氏のお伴をしていただけなのだが……）。おそらく、部屋の中には世界中の情報が入る最先端情報機器が並んでいて、ボタン一つでドイツ連邦準備銀行の総裁が出てきたり、東京にあるアメリカ大使館へ直通電話が通じて、「日本の首相は、今どうしている」という具合なのかと、想像を膨《ふく》らませていた。

大統領府のビルは役所だから、質素で古い。見かけはそれほど威圧的ではないが、訪問者が入る時のチェックはひじょうに厳重である。ソ連共産党の本部を訪ねたこともあったが、その何倍も厳しい。検査をする人間が緊張している。

ワシントンD.C.には世界中の人間が集まっている。ホワイトハウスの玄関前をアラブのゲリラが歩いていたりするから、自由の国は大変である。反対に、冷戦時代のソ連は国全体が臨戦体制で、すでに空港で入国人物は厳重検査されているから、共産党本部に入る時の検査はあまり必要がないのだろうと想像した。

さて、部屋に通されるとさすがに広い。きわめて素朴で古めかしい大きな部屋である。隣には秘書室があって、秘書たちが忙しそうに書類をホチキスで綴《と》じている。あれは最高機密文書かもしれないと思い、「あれは何をしているのですか」と本人に聞くと、「今度シカゴの銀行協会へ行って講演をする、その配布資料です」と言う。

部屋に入ると黒板があって、何やらなぐり書きがある。テーブルが置いてあるので、どうやら五、六人で集まって黒板の前で議論して解散したらしい。世界の金融事情といったむずかしいことといえども、最後は黒板に線を書いて、答えを出すのかと安心した。

しばらくして電話が鳴って、「ちょっと失礼」と話を始める。何の話だろう、世界金融再生の秘密でも聞こえるかなと思ったら、相手は奥さんで「雨が上がったからテニスをしたいけど、あんたのラケットはどこに置いたの」などと言っているらしい。「自動車の後ろのトランクに入っているよ」「早く帰ってきて一緒にやりましょう」などという話をしている。

ホワイトハウスの大統領経済諮問委員長室は、私の期待とはまるで裏腹に、きわめて日常的なものであった。世界は実はこういうふうになっているのか、と思ったものだ。

平和か戦争か、という大英断も同じことだろう。一〇〇倍重要だからといって一〇〇倍考えるということはない。第一、そんなことはできない。一〇〇倍賢い人もこの世にはいない。平和も戦争も、このように紙一重の決定だから恐ろしい。

私は中学二年生と三年生の時、アメリカ軍の爆撃を何度も受けた。今夜こそは死ぬのかと思いながら、防空壕の中で考えたのは、こういう目に遭わされるにいたった経緯は何なのか、ということである。そして今考えることは、その経緯を知れば今後に予想される戦争が予防できるだろうということだが、いくら考えても平和から戦争への決定的な切替えスイッチは何かが、よく分からない。日常的生活の延長に突発戦争などの大変化がやってくることの不思議さを、今も考えている。

十九世紀末、イギリス・フランスの経済学者は、不景気が何の前ぶれもなく突然やってくることの不思議について議論を戦わしていた。不景気の直前まで経済は順風満帆で社会は何の問題もないように見えるのである。だから、〝実感が湧かない〟といっても安心はできないところが怖いのである。

「階級＝実力」という大いなる錯覚

大本営参謀をした人の回顧録に、面白い話がある。

終戦の時、彼はスピード出世のため、三〇歳を少し過ぎたばかりで大本営作戦参謀をしていたが、自分より一階級でも上の人は何かしら偉いところがあると思っていた。階級が違えば、やはりそれだけの偉さがどこかにあるに違いないと思っていた。だから、命令されれば必死でやっていたが、戦争が終わって階級がなくなってしまうと、急に上の人の裸の姿が見えた。実はたいしたことがなかった。ただの年上だったと分かった。そう書いている。

作戦参謀といえば、物事の裏のウラまで考えるのが商売なのに、そういう人でも階級が一つ上の人を尊敬していたのである。世の中の健全な常識として、階級が上でも駄目な人は駄目に決まっている。下の人でも偉い人は偉い。そんな当たり前のことが、幼年学校や士官学校で子どもの時から厳しい上下関係を叩きこまれると分からなくなるらしい。

この話を読んで、大本営の作戦指導に時々、不可解な点がある理由が分かった。普通に考えれば階級が上の人は年長で、その分だけ頭が固いし、古い。それから、義理人情やしがらみや打算が増える。それをチェックするのは若い人の役目である。そこで若手の登用抜擢が行なわれるのだが、登用された当人が「階級＝実力」と認識していたのではどうしようもない。

この回顧録を読むまでは、「階級＝実力」というのは下級兵士に教える建前にすぎず、幹部仲間、エリート相互、司令部要員同士の議論はもっと論理的・合理的に事物の真実をめぐって積み重ねられるものと思っていたから、裏切られた思いがした。しかし、どうやら、そう思う私のほうが頭デッカチのようである。

健全な庶民は、はじめからそんなことは考えていないらしい。参謀本部には健全な庶民の常識もなかった、ということが世間の常識とは……。

アイアコッカの自叙伝でも、自分はフォードの社長だったと書き出して、あとは微に入り細をうがって日常的なことを書いている。社長室は大きくて広く、机と椅子はこうで、お昼になるととてもおいしいハンバーグが出る。横の部屋にはコックが待機していて、言いつけるとつくってくれる。それはフォードの重役のためだけのシェフである……。こういうつまらないことを平気で延々と書いている。

「どうして、こんなにうまいハンバーグをつくれるのか。秘訣を教えてくれ」とコックに聞いたところ、「簡単ですよ。町で売っているハンバーグは安い肉でつくってるのです。私は最高の肉を買ってきて、ベチャッと潰すのです」と答えたという。アイアコッカがありがたがっていたハンバーグも、仕組みはたいしたことはない。大フォードの社長の生活も、意外に日常的なものの延長だったという話である。

マニュアルでしか動かない軍隊は官僚制度の典型

戦争もまた、意外に日常的である。一般の理解では戦争とは血湧き肉躍るもので、軍人は命を惜しまず勇敢で、毎日緊張しているものだというイメージがある。もちろんそれは虚像ではないが、そういう部分だけが戦争映画になっている。

極端なことを言えば、軍人になっても退役するまでの四〇年間、実戦が一回もない人のほうが多いし、実戦があればすぐに死んでしまう人がいる。三〇年訓練して、一〇分間でお終《しま》いということはたびたびある。海軍の戦争などは、敵弾が直撃すれば軍艦は沈没してしまうから、本当にすぐ終わる。ところが、実戦で勝つためには一〇年も二〇年も、とにかく毎日訓練ばかりしていなければならない。

訓練にはスケジュール表やマニュアル表があって、そのとおりにやっている。当然、馴れた人には退屈なものだ。新兵や、士官学校に入った最初の頃は面白いが、中尉、大尉くらいになると、毎日同じことをするのは退屈であるらしい。

軍隊は官僚制度の典型である。すべてが文章化され、数値化されている。社会のあらゆる階層の人を集めて働かせるためには、画一化と標準化が欠かせない。

まず、言語を統一する。ズボンと言ったりパンツと言ったりしていては通じが悪い。たとえば靴は「軍靴《ぐんか》」と言うことに決まっている。最初はそれを覚えるだけで忙しいが、覚えてしまえば、あとは楽だ。靴と言ったら軍靴だけで、他の靴は存在しないから、ひじょうにシンプルな生活になる（正確に言うと帝国陸軍の兵隊には三種の軍靴が支給された。教練・外出・戦闘に用いるのが編上靴《へんじょうか》、営内《えいない》で履《は》くヒモのないつっかけが営内靴、部屋の中で履くスリッパは上靴《じょうか》で、どういう場合にそれを履くかはしっかり決められている。間違えると殴られる)。

〝刺激〟がない平時の軍隊生活

旧日本軍では陸軍士官になると、連隊に勤務する。二万平方メートルぐらいの土地に練兵用のグラウンドと兵隊が生活する建物があって、将校は近くの官舎から馬に乗って出勤する。門を通る時は、中尉には中尉の、少佐には少佐の厳格な敬礼があるので、それを受ける。部屋に入ると本部からきた書類が山ほどあって、返事を書く。

スケジュールががっちり決まっていて、毎朝八時には朝礼があり、その時は服装を整えて整列しなければならないが、今日は雨天時の服装を着るのか、晴天時の服装を着るのか、と悩む。週番士官が判断して、早めに通達しなければいけない。

兵隊に敬礼の仕方を教えたり、四列縦隊での歩き方を教えたり、鉄砲の手入れや撃ち方を教えたりしなければならない。兵隊は二年間いるから、二年間をいくつかの期間に分けて、軍隊のイロハを教えていく。三カ月経つと一等兵になる。それを勤務評定して、一年後には二、三割を上等兵に上げる。物覚えのいい者が出世していく。二年で満期除隊になるから、短期大学のようなものだ。それでまた次が入ってくる。

二年間に教えることが、マニュアルで完全に決まっている。それをきちんと教えたかどうかを調べる検閲がある。連隊長の検閲があったり、師団長の検閲がある。その時にはきちんとやってみせないと、小隊長や中隊長が叱られる。兵隊が失敗すると自分の勤務評定が悪くなるというわけだ。

それから、対抗試合のスポーツをしょっちゅうやっている。中隊対抗とか小隊対抗、分隊対抗で、繰り返しスポーツをする。なにしろ二〇歳前後の男ばかりを集めているのだから、スポーツでもやらせないと元気が余ってしまう。

士官はスケジュール表に従い、兵隊をグラウンドへ連れ出して、十二時まで各種の練習をする。十二時になったら解散で、兵隊は大喜びで食事に行く。自分も将校食堂へ行って飯を食う。食事が終わったら午後のスケジュールがあって、五時になると終わる。今の自衛隊であれば、夕方五時半に国旗を降ろすと決められている。

兵隊はそれから就寝まで、食事、入浴、掃除、洗濯、兵器や服・靴の手入れなど、生活上の仕事をするので忙しいが、将校は自宅へ帰る者もいる。家に帰っても、軍隊の町は寂しいところが多いし、夜の街に繰り出すような月給はもらっていない。

将校が、あまり変な人と付き合うと悪い評判が立つから、軍人は軍人同士で付き合う。

一階級上の人から、今夜、将棋を指しに来いと言われたら、喜んで行く。町の人や出入り業者が釣りに行こうと誘ってくれても、それは接待に当たるかどうか悩む。

そんなふうに毎年同じことをして暮らしているが、新聞を読んでも戦争は起こりそうもないし、緊縮財政で軍事予算は削られるし、そろそろ中尉になる歳なのに、昇進は一年繰り延べになってしまう。

日露戦争が終わってから昭和十二年（一九三七年）まで、軍人はだいたいそういう生活をしていた。構造不況業種の生活である。

唯一の刺激と言えば、東京の参謀本部が戦車との共同作戦要領や対戦車戦のマニュアルを起案したので、説明するから将校二、三名を東京へ出せ、という指令が来た時などである。これは大喜びで行く。「ほう、これが戦車か」というわけだ。

時には、敵の戦車は装甲が厚いから操縦席の前にある天視孔《てんしこう》という穴を狙って撃て、などという実行不可能なことを教わって帰ってくる。それでも連隊へ戻ってきたら、彼はいちばんの戦車通になっている。それでマニュアルを見ながら兵隊を集めて訓練する。戦車はないから、オート三輪自動車や大八車にベニヤ板を張ってそれを戦車に見立てて、グラウンドで同じことをやる。

それは戦前の帝国陸軍の話で、今は事情が違うだろうなどと思ってはいけない。教材が最新鋭の対戦車ヘリコプターであったり、装輪装甲車とか多連装ロケットMLRSであったりするだけの話である。

世界中の軍人は「退屈」している

そんなことをしているうちに、中学校時代の友だちとくらべると、自分の月給がひどく安いということに気がつく。しまった、軍隊なんか入るんじゃなかった、と思っているうちに、あまり出世しない人は四〇歳ぐらいで退官の危機が迫ってくる。

軍人は定年が早くて、アメリカでは四四、四五歳になった時、中佐か大佐で終わる者もいる。スケジュールどおりに刺激がないままやってきて、中佐か大佐で辞める。それを越えて少将になる人は、一〇〇人のうち三人ぐらいしかいない。中将になっても、五三、五四歳で定年退職となる。大佐、中佐で終わった人は、その後、退役将校の会に入る。英語では退役軍人をベテランというが、アメリカにはベテラン関係の会社や組合がたくさんある。

ベテランになった軍人は何百万人もいるから、ベテラン・ゴルフコースとかヨットハーバー、ベテラン旅行会社にベテラン生命保険、ベテラン新聞からベテランのための墓地まで、何でもある。そこの社員や役員になって勤めたり、あるいは軍需会社の顧問になったりする。

おおよそ世界中の軍人は退屈している。世間の人を見て、うらやましいと思っている可能性も大きい。彼らは、もともと優秀で健康な人たちである。そういう人たちが退屈している。だから、規律が緩んだ国では軍人がゆすり・たかりをしたり、自分たちでも商売をしようということになる。

それが悪いというわけではない。軍隊とはそういうものである。「百年兵を養うは、ただ一日の用にたてんがため」であるという諺《ことわざ》があるが、これはヒマだということだ。

毎日が退屈だから、ケジメをつけるために国旗を上げ下げしたり、演習や検閲をたびたびして、無理やり緊張をつくっている。そこだけ人に見せて、見えないところでは要領よく鼻くそをほじっている。軍人を侮辱しているのではない。人間とはそういうものなのである。

陸軍に吹き荒れたリストラの嵐

旧日本軍で悲惨なのは、リストラで中学校（旧制）へ配属将校になって、学生に軍事教練を教えなさいというケースだ。給料はそこそこだが、本人は陸軍大臣になりたかったのだから、がっくりくる。これは大正十四年（一九二五年）以降のことだが、軍縮によるリストラが行なわれ、師団や連隊が廃止された。そこで、余った現役の陸軍将校二〇〇〇名が中学校に派遣されたのである。

陸軍士官学校を卒業するのは大正から昭和初期まで毎年二〇〇〜七〇〇人で、その五分の一に当たる人たちが転職を余儀なくされた。そして定年がやってくる。

兵隊が町を歩いていると、退役した上官が生命保険の勧誘員をしている。元大尉とか元少佐が歩き回って、かつての部下のところに行って、生命保険に入りませんかと勧誘している。将校マントを着て、将校鞄《かばん》を持って、こんにちはと訪問する。すると、「中隊長殿、それでは一口《ひとくち》入りましょうか」ということになる。ありがとうと、敬礼して帰っていく。それが町中に見られた風景だった。

将校マントや将校鞄は、私物だった。将校はもともとヨーロッパでは貴族だったから、日本もその伝統に則《のっと》り、必要なものはすべて自分で買う。ピストルも軍刀も配給ではなく、個人のものだった。退役将校は、背広を着ていくよりはましだと思ってマントを着ていくが、定年後のそういう生活が見えているのでは、やる気が起きない。

そういう軍人さんの姿が昭和十年（一九三五年）ぐらいまで続いた。ところが、昭和十二年に盧溝橋事件が起こると、突然ボーナスが出て、勲章が出るようになった。戦地での行動は新聞に出るから、軍人はみんな張り切る。それまでが、いかに退屈で惨めだったかを理解すれば、当然のことである。

青年将校たちが五・一五事件や二・二六事件を起こしたのは、「娘を売るような農村不況に同情したから」と言われるが、軍人自身がこのように不幸だった事情も見逃せない。

戦前の日本は、平和が長かった。イギリスのように休みなく戦争をしていた国ではない。中国やシベリアで局地戦をしただけで、日露戦争以降は総力戦も近代戦もやっていない。けっして軍国主義ではなかった。だから、軍人がイライラしたのも無理はない。イギリスは軍国主義で戦争つづきの国だったから、軍人はイライラしなかった。

軍は官庁の一つだから、なんといっても予算が欲しい。しかし、予算は旧憲法下でも国会が押さえていた。そこで、予算を取るには戦争を起こすのがいちばんだ、ということになった。

日本の〝軍国主義化〟に二つの原因

大正七年（一九一八年）に第一次世界大戦が終わって、これでもう半永久的に平和だと世界中が思った。世界中で軍人株が暴落した。もちろん日本も例外ではなかった。軍事予算が削られる。昇進しないし、月給は上がらない、陸軍士官学校の募集人員も半分になった。

しかし、第一次世界大戦によってヨーロッパでは武器が急速に発達した。日本も遅れてはいけないと、フランスやイギリスから最新鋭の飛行機や戦車、大砲、機関銃を買った。これ大量に買いつけたわけではなかったが、その分だけ人件費を削らなければならない。これをやったのが、陸軍大将の宇垣一成《うがきかずしげ》である。いわゆる宇垣軍縮だが、これは二回行なわれた。

宇垣一成は、人件費を削減して、浮いた予算で最新兵器を買った。だから戦闘では支那に勝つことができた。もしも宇垣軍縮がなかったら、日本軍は大陸で蔣介石に負けていたかもしれない。いちばん嫌われる人件費圧縮をやった宇垣は、実は大功労者なのである。

宇垣軍縮後の昭和六年（一九三一年）には満洲事変が起こり、急に予算が増えた。この調子でいこうということになるのは当然だった。〝軍国主義〟といっても仕組みは簡単で、日本の場合は、将校たちが金とポストと勲章を欲しがっただけである。

〝軍国主義〟になった原因をもう一つ挙げると、大正時代に一般国民が軍人を馬鹿にしたことがある。軍人は命がけで戦う人たちであるし、武器を持っている。尊敬しなくてはいけない。国民から尊敬され、感謝されてこそ、はじめて国家や国民のために命がけで戦えるというものである。

その意味では、戦後の日本人の自衛隊に対する態度は、本当に間違っている。野党第一党だった旧日本社会党は、かつて「自衛隊にはお嫁に行きません」というポスターを貼ったが、それでも黙々と訓練をしてきた自衛隊は、世界最高の紳士である。侮辱されても黙っていられるのは、最高に知的である証明である。

さて、軍人がなぜ大正時代に馬鹿にされたかというと、日露戦争後に威張りすぎたという事情もある。日露戦争で日本軍は一二万人も戦死したが、将官は功績を独り占めにし、大邸宅を構えた。だから嫌われた。そのため平和になって、そのうえ戦後不況がやってくると予算がもらえなくなり、大正時代は軍人には嫁《とつ》がないという時代になった。軍人崇拝の時代と軍人蔑視の時代は交互にやってくる。

社外で通用しない人間がいい社員――日本型組織の大問題

中学校の秀才が行くところには世の尊敬が集まる。当時の日本では、クラスのトップスリーは一高（現・東京大学）、三高（現・京都大学）へ行く。四番から七番くらいまでは陸軍士官学校か海軍兵学校へ行く。続いて、九番から一四番くらいまでが、県の名前がついた旧制高校に行く。二〇番、三〇番あたりになると、私立大学の予科へ行く。

ところが、軍人の月給が下がってくると、成績のいい中学生が受験しなくなって一五番くらいが陸士、海兵へ行くようになる。当の軍人は町へ出る時、軍服を着て歩くことを遠慮するようになる。お嫁さんも来てくれない。仕方がないから、先輩のお嬢さんをもらうようになる。そこで軍人社会がだんだんと同族結社になりはじめる。これはアメリカも、イギリス、ドイツも同じで、やがて軍隊は閉鎖集団になる。本来、機能集団でなければならない組織が共同体化するのだから、まことに危うい話である。

閉鎖集団の結束は固い。新興宗教を見ればすぐに分かるが、内部結束を固めて異質集団をつくれば、外で通用しない人間が出来上がり、よりいっそう内部結束が強まる。そして、その中の階級に値打ちが出てくる。傍《はた》から見れば、新興宗教の集団内部で「〇〇大臣」とか「教授」などと称しているのは馬鹿馬鹿しく思えるが、閉ざされたコミュニティーでは、その肩書がいちばん重要なものになる。

実は日本の会社も、多かれ少なかれ同じようなことをしている。社外で通用しない人間のほうがいい社員になってしまう。社外で通用しない人ほど中では忠勤を励み、まわりの人を「あいつは会社に貢献していない」と言いふらして歩くのが点数稼ぎになる。

「特殊技能」よりも「一般技能」の時代

ノーベル賞をもらったアメリカのベッカーという経営学者は、技能を「一般技能」と「特殊技能」の二つに分けた。一般技能とは他の会社へ行っても通用する能力のことだ。たとえば、新日鐵から神戸製鋼へ移ってもすぐ使えるのが一般技能。腕があるから、渡り職人のように渡れるわけだ。

特殊技能というのは新日鐵でのみ役に立つ技能。たとえば、新鋭機械で新日鐵だけにあるものを操作できるとか、上役の癖《くせ》を心得ているとか、特定取引先の事情を心得ているというものである。もちろん、新日鐵にいるかぎり、それは大事な技能である。新日鐵としては、それに対して月給を払ってもいい。ただ、会社全体としてそういう特殊技能者ばかりになった会社は、時代の変化に弱い。

だから、サラリーマンもこれからの時代を生き残るためには、一般技能を磨きなさいということになる。これまでは特殊技能を磨くことが出世だったかもしれないが、それはもう間違いである。社風を覚えて、上役の癖を覚えて、取引先の好みを覚えて、課長になった人には、どこからも引抜きはかからない。肩を叩かれて、転職の面接を受けに行っても、「あなたは何ができますか」と聞かれた時に困る。

今までは出世するには特殊技能が重要だったが、今ではサラリーマンもそれではいけないと気がついて、資格を取ろうと言い出した。

資格は国家承認の一般技能である。しかし、資格を取らなければ生きていけないわけではない。要は、引抜きがかかればいいのであって、それが一般技能である。その中には、まだ国家試験ができていないような新しい技能も含まれる。

ところが、それが分かっていないサラリーマンは人材派遣会社へ行って、「経験を活《い》かして働きたい」などと言う。「私は○○会社に二〇年いまして、部長にまでなりました。この経験を活かして働きたい」などと言う。しかし、それは無理な相談である。

特殊技能を活かすところは、元の会社の他にない。元の会社がいらないと言っている特殊技能など、どこも必要としていない。

これは転職するサラリーマンに限ったことではない。就職活動をする大学生にも当てはまる。面接で、いくら「私は大学で四年間、英文学を専攻いたしましたから、それを活かした仕事に就きたい」などと言っても、会社は英文学を習ってくれと頼んだ覚えはないのである。

「経験を活かしたい」という人ばかりになると、会社の発展は止まる。軍隊の場合も、外部との戦いに弱くなる。昭和初期の日本軍は平和続きで、そんな状態になっていた。

冨永恭次少将が犯した「越権の極み」とは

軍隊は、戦争能力という特殊技能者の集団だから、戦争がなければ一般社会では生命保険の勧誘くらいしか、できることがない。しかし、軍人の家庭に育った娘は、それでもいいということで軍人のところに嫁いで行く。来てもらうほうにしても、職場の実態が分かっているから軍人の娘がいい。だから、閉鎖集団ができた。

閉鎖集団には、多くの弊害がある。その最たる例が、仲間内の失敗を揉み消すということである。責任の所在を明確にせず、かばいあって、うやむやにしてしまう。現在の中央官庁のエリートは責任をとらないで退職金をもらって辞めていくが、そうしたエリートのかばいあい現象の裏にはエリート同士が親戚であるとか、進学校の同級生同士であるとかの事情がある。例は無数にあるが、たとえば、昭和十五年（一九四〇年）の北部仏印《ふついん》進駐の際に、冨永恭次《とみながきょうじ》少将ほかが起こした暴走を知る人は少ない。

仏印すなわちフランス領インドシナ（現・ベトナム・ラオス・カンボジア）を通じて、物資が蔣介石にどんどん流れているのは困るということで、日本は平和裡に交渉して、西原《にしはら》一策《いっさく》少将を団長とする四〇名の物資輸送監視団をインドシナに送り込む権利を得た。同年六月十四日、フランスはドイツに負けてパリが陥落し、首都をヴィシーに移していたので弱い立場だった。だから、日本がインドシナに物資輸送監視団を送ることを承知したのだが、それでも禁輸の実効が上がらなかった。そこで、日本はさらに武装兵力を進駐させたいとフランスに申し入れた。

フランスの返答は「日本の要求を飲んだのではなく、相互の話し合いで合意に達した形にしてもらいたい」である（白人がアジアから威圧された最初の事件）。これに対し、交渉に乗り込んだ陸軍参謀本部作戦部長の冨永恭次少将の意見は、「仏印側に誠意なし」だった。

さらに、冨永は九月一日、現地の海軍側に対し「九月二日夕刻までに誠意ある回答が得

北部仏印進駐

右から冨永《とみなが》 恭次《きょうじ》（参謀本部作戦部長）、デクー（仏印総督）、西原一策《にしはらいっさく》（大本営参謀・仏印監視団長）。1940年8月30日、ハノイ（現・ベトナム）にて
（毎日新聞社）

られない時は、仏印の総督に対し我《わが》方《ほう》武力行使の決意を告げ、在留日本人の引揚げを開始することにしたい」と申し入れた。

海軍側の随員、白浜栄一《しらはまひでかた》少佐は驚いて、「実力行使は天皇大権の発動によってできることで、まだ中央では決定していないうちに現地でその恐れのある重大処置を独断決行するが如《ごと》きは絶対同意しがたい」と発言し、その旨を東京の海軍軍令部に報告した。報告書を読んだ軍令部の作戦課長は、「非常識にも限りあり、越権の極み」と、上にあげる電報の欄外に記している。

しかし、冨永の独走は続き、九月二日、参謀総長名で安藤利吉《あんどうりきち》南支那方面軍司令官に対し、「すみやかに北部仏印攻略の準備を完了すべし」という、発令番号が欠けている指示を発動した。安藤司令官は隷下《れいか》の各師団に、さらに具体的な指示を発した。

その後、仏印をめぐるフランスとの外交交渉は、紆余曲折を経て（先方はイギリス・アメリカに応援を求めて、時間を稼ぐつもりだから当然のこと）、九月二十二日午後四時三十分には、日本軍の進駐に合意する旨の協定が成立した。

ところが、冨永は九月十六日、広東《カントン》（現・広州《こうしゅう》）に出張して進駐予定司令官に「九月二十一日正午を過ぎて回答がない場合は、これを拒絶とみなす」との独断発言をしていたという伏線があって、現地の陸軍はこの協定成立を伝える大本営からの電報を無視した。すなわち、南支那方面軍の佐藤賢了《さとうけんりょう》参謀副長は、その電報を握り潰し、さらに第五師団に対し「越境は中止、進駐の細目決定を待て」との命令を故意に遅れて発令した。

また、国境に待機していた第五師団長・中村明人《なかむらあけと》中将は西原少将からの協定成立の連絡を無視して、二十三日午前零時に部隊を出動させ、国境のドンダン・ランソンで中立国のフランス軍との間で二十五日まで続く激戦をした。さらに、南支那方面軍は大本営からの重ねての上陸見合わせ要求を振りきり、二十六日朝から西村琢磨《にしむらたくま》少将率いる兵団の上陸を決行させた。

閉鎖集団内部の「かばいあいの構造」

しかし、海軍はただちに「第五師団の仏印通過は細目協定成立まで実施せざるもの」と、支那方面艦隊など第二遣支《けんし》艦隊各参謀長あてに通報した。海軍は護衛の艦隊に「(陸軍と)武力進駐中止を協議し、応諾せざれば協力不可能の旨を伝え、急速出港離脱せよ」と電令したので、藤田類太郎《ふじたるいたろう》少将の第一護衛隊は、西村兵団の輸送船を見捨て、引き揚げてしまった。前代未聞の珍事である。

さて、これだけの事件の後始末はどうなったのかというと、命令違反を咎《とが》める軍法会議は開かれず、単に沢田茂《さわだしげる》参謀次長、安藤利吉南支那方面軍司令官は更迭で、冨永恭次は作戦部長の職務停止である。しばらく左遷されたが、やがてまたカムバックして、昭和十九年(一九四四年)のフィリピン決戦では第四航空軍の司令官として特攻隊を送り出した。

そのうえ、彼は戦局不利でルソン島にいては玉砕必至となると、病気と称して勝手に任地を離れ、台湾へ引き揚げた。この時も、当然、敵前逃亡の罪で軍法会議かと思われたが、満洲へ追われただけだったから、日本陸軍は不思議な組織だ。

海軍にも同じような話があって、こんなことでは堂々の戦争ができなかったのも無理はない。この事件は海軍が絡んでいたから、表面化して人事異動に発展したが、もし陸軍だけのことだったら、エリート同士のかばいあいの結果、揉み消しで終わったに違いない。

権力を握った組織には、絶えざる外部からの監視と風当たりが必要だとよく分かる話である（以上は土門周平著『参謀の戦争』講談社刊ほかによる）。

国家の命運を決めてしまう軍内の派閥力学

このように、高級軍人はうまくかばいあう。その原因を考えると、エリートは陸軍幼年学校で子どもの時から陸軍一家に囲いこまれ、さらに陸軍大学校の教育が偏っていたことだろう。陸軍大学校の教育は、一口で言って、狡《ずる》いことばかり教えている。それが戦争である、と教えている。それから、言い逃れが立つなら何をやってもいいという官僚主義の教育をしていた。その分だけ世の中を知らない。作文上手で大言壮語《たいげんそうご》する人がいい点を取って出世して、それが要職を独占していた。

結局、軍隊の上層部にはサロンのような集団ができてしまう。サロン内では意見が一致する。かばいあい集団だから、冨永恭次は罰せられない。今の日本の新聞社やテレビ局と同じで、外部からの批判を受け付けず、一致団結して反撃する体質になっていた。

アメリカでも、やはり陸軍の上層部や海軍の上層部には五〇人ぐらいのサロンができた。陸軍士官学校（ウエスト・ポイント）は四〇〇人ぐらいが卒業するが、そのうちかなりの部分は任官しない。選抜試験に落ちたわけではなく、軍隊には進みませんということだ。

海軍兵学校（アナポリス）も一緒で、五年間は義務として任官するが、あとは民間へ移る人が多い。家が貧しいから、大学のかわりに士官学校を使っているわけだ。そうなると、軍隊に進んだ人たちは、他の道を進むほうがいいのかと思って、少しうらぶれた気分になってしまう。

将校団の人数は意外に少ない。毎年二〇〇人が士官になると、二〇年で四〇〇〇人。その中で成績上位一割といえば、四〇〇人。その四〇〇人の中で親戚関係があって、それから気が利いて口がうまい人となると、たちまち五〇人ぐらいになる。

ひとたびサロンの五〇人の意見が一致すると、すごい勢いで動き出す。なにがなんでも無人戦闘機は必要だとか、宇宙軍を創設しなくてはいけないというように、国防総省その他の要職にいる五〇人の意見が一致して、国会議員にそう言って歩けば、議員の一〇〇人ぐらいはすぐに賛成する。「あなたの選挙区にひとつ戦車部隊を置きます」とか、「反対するなら他に移します」と脅す。軍が持っている予算は冷戦時代はGNPの七パーセントもあったから大きい。

あるいは、情報で騙《だま》す。ソ連が最新兵器を開発しましたと言っても、議員には分からない。恐怖の新兵器だからこの予算では国防上の重大問題だと言って歩く。そんな具合に五〇人の意見が一致したら、ほぼ決定になってしまう。みんなが腫《は》れ物に触るようにしてくれるわけだ。

日本も事情は同じだったが、そのサロンの中にも派閥がある。明治・大正時代であれば、山口県出身（長州閥）かどうかなどだったが、昭和になってからは海外留学先による派閥があった。陸軍大学校出で上位五、六番ぐらいまでの人は、海外へ留学させてもらえる。三〇歳ぐらいの頃、お前はロシアへ行け、イギリスへ行け、アメリカへ行けと、それぞれ留学させてもらって、大使館附武官などになった。

面白いことに、アメリカへ留学した人の多くは戦争反対だった。やろうやろうと言ったのは、ドイツへ留学した人たちだ。ドイツ派の意見がマスコミや政治家を巻き込んで大勢《たいせい》を制すると、英米留学派はポストでも不遇になる。すると意見が採用されなくなる。こうした案外小さな事情で国家の命運が決まってしまうのである。ドイツ派の軍人は増長してやがて失敗するが、それにもフタをしてしまうのは英米派にスキを見せたくないという陸軍内部の派閥力学である。こんなことは、今も霞ケ関のエリート官僚の間で続いている。

葬られたロッキード・ハドソンの真実

昭和十七年（一九四二年）八月八日、三川軍一《みかわぐんいち》中将が率いる第八艦隊が、ガダルカナルのサボ島沖での第一次ソロモン海戦で泊地《はくち》への夜間奇襲攻撃に成功した話は有名である（第三章で詳述）。ところが、実は、第八艦隊は南下中、ロッキード・ハドソンという双発（エンジンが二つ）の偵察機に発見されている。

オーストラリア空軍のロッキード・ハドソンは巡洋艦を先頭に八隻が南へ急いでいるのを発見して、日本軍であることをよく確かめてから電報を打った。この時、第八艦隊はその電報を傍受して、旗艦の巡洋艦・鳥海《ちょうかい》の戦闘詳報に記載した。

「同機ハ我《わが》艦隊ヲ発見、左ノ報告ヲ為《な》スヲ傍受セリ。

○九二九（午前九時二九分）、巡洋艦三隻、駆逐艦三隻、水上機母艦又《また》ハ砲艦二隻、南緯五度四九分、東経一五六度〇七分、針路一二〇度、速力一五ノット」

ところが、ロッキード・ハドソンを操縦していたオーストラリア人のパイロット、ビル・シュタッツ軍曹がこのように報告電報を打ったにもかかわらず、ガダルカナル島の沖合にいたオーストラリアとアメリカの連合艦隊はその報告を知らず、奇襲を受けて惨敗した。

その電報を誰かが握り潰したか、あるいはちゃんと聞いていなかったということだ。なにしろ、当の第八艦隊が「しまった、見つけられた」と言っているのだから間違いない。

それから近海にいたアメリカの空母ワスプも、この敵発見の電報を傍受している。だが、肝心の輸送船団を守るクラッチレー提督とターナー提督は知らなかった。そこで大惨敗の責任者探しが始まった時、それはなぜかロッキード・ハドソンのパイロット一人に負わされた。「あいつが電報を打たなかったから、やられた」ということになった。

真相究明の裁判に出頭した目撃者の証言では、「彼は基地へ帰ってきてハドソンを下りたのち、途中何か異状はなかったかと聞かれると、そういえば艦隊がいたと報告した」ということになっている。米海軍公認の『モリソン戦史』がそう書いているので、伊藤正徳《いとうまさのり》著『連合艦隊の栄光』もそれに従っている。

だが、ハドソン哨戒機隊の隊長夫人ナンシー・ミルンは真実を明らかにしようとして、戦後、死ぬまで真相解明の努力を続けた。しかし、アメリカ軍、オーストラリア軍は言を左右にして資料を見せない。戦争中の政略的な結論を守り通そうというのである。

そこで夫人は翻訳家の妹尾作太男《せのおさだお》氏に事実の調査を依頼した。戦争が終わった今なら日本で閲覧できるだろうというわけだ。ところが、連合軍がすでにその資料全部を没収していた。アメリカ軍は重要戦史資料をすべて持ち帰り、その後、防衛庁戦史室（現・防衛研究所）に要求されると大半の文書を返還したが、その時も第八艦隊の古鷹《ふるたか》と鳥海の戦闘詳報は返還されていなかった。

しかし、関係者の証言がある。実際、第八艦隊では「見つかった。それを報告されたので奇襲は失敗だが、強襲覚悟でこのまま突入するか、それともやめるか」という会議を開いている（しかし、天佑《てんゆう》を信じて突撃となった）。そういう関係者の証言は得られたが、書類はない。

ところが、巡洋艦の乗組員が個人で戦闘記録を一揃《ひとそろ》い持っていたことが分かった。鳥海の機関科分隊長だった片岡亮平《かたおかりようへい》大尉が一九六二年十一月に死亡する直前、防衛庁戦史室に寄贈していた鳥海の戦闘詳報が未整理で眠っていたのである。これで動かぬ証拠が出てきた。味方からは絶対出てこなかった無実の証明が、敵側の日本にあったのである（デニス・ウォーナー、ペギー・ウォーナー著、妹尾作太男訳『摑めなかった勝機』光人社刊より)。

部下に責任を押しつけることは外国でもあったのである。しかも戦争が終わった後でも、証拠を隠しつづけているとは相当に悪質である。日本の戦争犯罪論でも、貿易に関する論争でも、こんな話はいたるところにあるから、うかつに通説や公式資料を信じて謝罪などするものではない。

いくら蓋《ふた》をして隠しても、やはり真実はどこからか出てくる。いつの世にも、一文にもならないことを何年間も追跡する人が存在するものだ。

「勲章のための出撃」で大惨敗

昭和十六年(一九四一年)十二月に日本軍は香港を攻略した。香港攻略を任命されたのは、すぐ対岸の広東にいた第二十三軍指揮下の第三十八師団である。作戦開始直前に、第三十八師団の指揮下に歩兵第六十六連隊と第一砲兵隊、第一飛行師団の一部および第四十五戦隊が加えられ、第二遣支艦隊が海上より協力することになった。香港を落とすには、それで十分だった。香港攻略は軍事的に容易だった。水源地の九龍《きゅうりゅう》半島を押さえたら降伏するに決まっている。

ところが、はるか北の漢口《かんこう》（湖北省《こほくしょう》）から香港作戦支援のためと称して南下を開始した部隊があった。隅田川《すみだがわ》で火事が起こっているのに、田園調布《でんえんちょうふ》の消防車が走り出すようなものだ（香港と漢口は直線距離でも約九〇〇キロも離れている）。

第十一軍は阿南惟幾《あなみこれちか》司令官の下、大挙南下したが、途中で香港が陥落した。そこで引き返せばよかったが、ついでに長沙《ちょうさ》（湖南省《こなんしょう》）を攻略しようとしたのは軽挙だった。中国の薛岳《せつがく》長官は長沙に日本軍を誘引して撃滅する〝天炉戦法〟を唱えて待ち構えていたから日本軍は大惨敗で、大本営もこれには呆《あき》れ果てた。

不必要なピクニックをしたわけだ。しかし、その部隊の将兵は大東亜戦争に参加したことになる。香港攻略作戦の参加者としてカウントされる期待があったのではないか。軍人は胸にたくさん勲章を飾っているが、その大部分は従軍記章といって単なる参加賞である。それが目的だったと想像される。

名ばかりの後方支援――山本五十六の愚挙

ミッドウェー海戦でも、似たような話がある。南雲忠一《なぐもちゅういち》中将の機動部隊のはるか後方に山本五十六《やまもといそろく》が率いる戦艦部隊がいたが、これは何の役にも立たなかった。「全般作戦支援のため」と称したが、全然支援の役に立っていない。

ミッドウェーで四隻の航空母艦、赤城《あかぎ》、加賀《かが》、蒼龍《そうりゅう》、飛龍《ひりゅう》がやられて、制空権を完全に米軍に握られてしまうと、支援艦隊も総退却である。その時、航行不能になった空母・赤城を駆逐艦の魚雷で沈めているが、もったいないことをした。上が焼けただけで、喫水《きっすい》線《せん》から下は健在だったから、縄をつけて引っ張ろうとしたが、動かない。二回試したが、縄が切れた。そこでやむなく雷撃して沈めた。

しかし、赤城を曳航《えいこう》して帰ることは可能だった。もしも、山本五十六が六〇〇キロも後方にいなければ可能だったのだ。空母の隣にいれば、長門《ながと》、陸奥《むつ》、大和《やまと》ならもっと太い綱を積んでいた。馬力も強いから赤城を曳航して帰れたはずだ。

ミッドウェーでは、アメリカの航空母艦は三隻いた。一隻は撃沈した。残りは二隻だった。しかし朝から晩まで出撃、また出撃で爆弾は底をついていた。魚雷も底をついている。つまり、敵は追撃しようにも、爆弾がもうなかった。

だから大和でも長門でも、ゆっくり曳《ひ》いて帰れた。それなのに、南雲艦隊は頭に血が上って、「敵の追撃がくるぞ、早く逃げろ」となった。それで、山本長官の命を受けてのことだが、赤城を撃沈して帰ってきた。

相手の残りの弾薬量を計算するのは、航空戦の常識である。軽率な判断をした司令官とそのスタッフの責任は大きい。ところが、ミッドウェー海戦を論じて、これを書いた論文を読んだ覚えがない。戦後になってもまだこの事実に気づかないのか、それとも自分および同僚をかばってのことか知らないが、戦記物の記述も底が浅い。

日本のプロ野球界を飛び出し、メジャー・リーグへ活躍の場を求めた野茂英雄《のもひでお》投手は、メジャー・デビューの頃、ドジャースのトム・ラソーダ監督に頼んで、「当分は肩慣らしのため一〇〇球で交替」という約束になっていた。ところが、ある日の試合で、まだ八〇球くらいしか投げていないのに、ラソーダ監督から交替を命ぜられたことがあった。その時、野茂投手は「監督から不出来とみられたか」と考えたが、そうではなく、試合中断中にブルペンで肩を冷やさないように投げた二〇球も、監督は数えていてくれたのだそうである。さすが野球のプロという気がするではないか。

山本五十六はなぜ戦艦部隊を率いて、六〇〇キロ後ろにいたのかということが最大の問題だ。貴重な燃料を使って、呉《くれ》からミッドウェーまで、行って帰ってきた。何の役にも立っていない。

本当はもっとたくさんの戦艦を連れて、前方を支援しなければいけない。戦艦は鉄板が厚いから、敵の爆弾や魚雷を一身に引き受けて航空母艦をかばう役に立てればいい。

戦艦は主力ではなく補助兵力だというのなら、何かの足しに使えばいい。アメリカはそれをした。輪形陣《りんけいじん》といって、戦艦は航空母艦の横にいて高射砲や対空機銃の発射台になる。アメリカがそういう使い方をしている時に、日本ではまだ将来、戦艦部隊の出番があると思っているから、大切に後ろのほうに待機させていた。

戦艦は主力なのか補助兵力なのかがはっきりしていなかった。主力としても補助としても使っていない。ということは、散歩をしたということだ。勲章のための散歩である。戦闘に参加すると、行動期間中は実質的に月給が約二倍になる。戦争の最中にそんなことを考えていたのかと思うと、長い間の貧乏が偲《しの》ばれて気の毒である。

ミッドウェー海戦「運命の五分間」の嘘

南雲中将は真珠湾の奇襲でも司令官を務めていたが、真珠湾攻撃でなぜ「反復攻撃をして石油タンクを爆破しなかったのか」という議論でも、南雲部隊にはもう爆弾のストックがなかったから仕方がなかった、というあまり人が知らない指摘がある。帰途、敵と遭遇した場合に備えるため、爆弾を地上攻撃に使うのを嫌ったという指摘もある。

そもそも真珠湾作戦とは、基地を爆撃して敵の機動部隊を誘出し、空母と決戦するのが目的だったはずだ。それが基地を攻撃して爆弾がなくなったとか、アメリカ機動部隊に遭遇すると刺し違えになるとの図上演習の結果を思い出して急いで逃げ帰ったというのはおかしい。そういうおかしさについては深く論ずる人もなく、すべては南雲長官の判断ミスか性格で片付けられているのもおかしい。参謀たちをかばってのことかと想像する。戦後に戦記を書いている人は参謀ばかりだから、たぶんそうなのだろう。

大東亜戦争の戦局を決定したと言われるミッドウェー海戦での「運命の五分間」にもウソがある。これは澤地久枝《さわちひさえ》さんが明らかにしているが、雷爆転換（攻撃機の装備を魚雷から爆弾に転換すること）はなかったというもので、雷爆転換に手間取ったために被弾した、というのは、つくり話らしい。司令部をかばって戦史が改竄《かいざん》され、それが防衛庁戦史室に残っている。

ぶざまな失敗をなんとか体裁を整えて、ありもしない命令を出したように書いてしまったのだろう。防衛庁戦史室でそれを書き直すわけにはいかない。しかし、書いてあるとおりに理解していくと、やはり辻褄《つじつま》が合わない。

私が小学六年生の時、ミッドウェー海戦で重傷を負った水兵さんが高松《たかまつ》の赤十字病院にたくさん送られてきた。彼らはほとんど軟禁状態にされ、他人に戦場の様子をしゃべってはいけないと厳命されていた。そして、傷が癒《い》えると、激戦地に飛ばされた。ひどく陰湿なやり方だ。アメリカであれば、「ご苦労さん、もういいよ」となるが、日本の場合は「負けた兵隊は死ね」である。

ところが、やはり町に噂が流れた。看護師さんなどは、全身火傷《やけど》のひどい大怪我を目《ま》の当たりにするから、「戦争で負けたらしい」と噂になって町に流れていく。負けた時の様子も多少耳にしたが、雷爆転換の話はなかった。事実がないから噂もないのか、それとも雷爆転換の現場にいた人は全員、戦死したのか、私には分からないが、澤地さんの詳しい調査には納得した。

戦後になって、はじめて雷爆転換でごった返しになっているところに大編隊が襲来したという説を聞いた。その後つくられた戦争映画でも、雷爆転換があったというストーリーになっているから、これはすっかり定着した。こういう話が戦史にはたくさんある。上官や同僚や自分を悪く書けないから歴史を変える、というサロン的な発想である。

戦後書かれた多くの軍人たちの手記も同様である。

こうしてサロン内部で捏造《ねつぞう》された口実や責任逃れのつくり話が、戦後の〝常識〟の中には充満している。たぶん官庁や大企業の上層部には今も同じ話がたくさんあるだろう。一九八〇年代初めの薬害エイズ事件における厚生省（現・厚生労働省）の血液製剤に関するデータ隠しも、これに類する話だったと思われる。

第三章

戦争とは何か、「戦争設計」とは何か

――平和国家だからこそ「戦争設計学」の確立が急務

(1) 戦争は「政治の継続」である

「戦争目的」は政治が決定する

戦争は設計して行なうものである。戦争が外交の失敗から起こる、とは一概に言えない。はじめから戦争を予定して行なわれる外交もある。

プロシアの名将、カール・フォン・クラウゼビッツは、その著『戦争論』に、「戦争は他の手段をもってする政治の継続にほかならない」と書いている。

戦争の始まりも、途中も、終わりも、ずっと政治は生きている。政治の都合次第で戦争は中止になったり、続いたりする。戦争目的を決定するのは政治である。

戦争の勝敗は武力によって決定されるだけではない。武力で負けても、政治的な目的を達成すれば、戦争に勝ったことになる。

このことは、日本では意外と知られていない。戦争は、やむにやまれず行なわれるものだと思っている人が多いが、実は、これは東洋の思想である。

日本はもともと平和国家だから、戦争は特殊な状況として捉えられている。平和が長く続いたおかげで、政治と戦争の連続性は道徳的に否定され、それがそのまま結論になって、それ以上は考えないという人ばかりになってしまった。

星新一《ほししんいち》のショート・ショートに、日本全国のありとあらゆる本や新聞から「戦争」という文字を消す話があるが、そういう〝言葉狩り〟で戦争がなくなるものかどうか。また、周辺諸国の戦争に対処できるものかどうか。むしろ、侵略を呼び寄せるのではないかと心配である。

欧米人にとって、戦争は道徳の外にある。戦争は道徳的に良い、悪いとは言えないもので、国家が生きていくためには仕方がないことだと考えられている。戦う相手も国家で、両方に言い分があって、どちらも譲らない時は戦争をやっても仕方がないと考える。

戦争が終わって、「日本人は残虐だった」とずいぶん言われたが、それは戦争を設計しなかったからだ。〝戦争はやりたくない〟と思っているから、いざ始まると自暴自棄の戦い方をする。それに対し、アメリカ人は戦争を設計する。第二次世界大戦の勝利はもちろん、その後に続く戦後秩序まで設計図の中に入れて、原爆を投下した。ビジネスのように計算して原爆を落とした。こちらのほうがよほど残酷だと思うが、彼らにとっては常識である。

もう一つ付け加えれば、そういう計算は他人に言わないほうがトクだ、という政治的計算もそれに続いている。他人に言う時は、原爆投下は日米双方の利益だと考えた――と言う。

私が米国で、「日本人は、戦争は外交の失敗の結果、起こるものだと考えている。戦争は政治の外にあるもので、非道徳の極みだと思っている。戦争は悪だと思っているから、冷静に設計したり計算したりができない。狂気の沙汰《さた》でしたことを残酷というのは当たらない」と話したら、アメリカ人の聴衆はひじょうに驚いた。「本当にそんな理想主義の国民がいるんですか」と言っていた。

もちろん、アメリカ人も、戦争をしないで国益を守れるのなら、それに越したことはないと思っている。ロシアとアメリカの大統領は、ホットラインでいつでも直接会話ができるが、これは戦争を避けるための工夫である。

このシステムは、キューバ危機（一九六二年）以降につくられた。それ以前は、ケネディとフルシチョフの間には直通電話がなかった。だからケネディはキューバ危機の時、テレビやラジオで「アメリカは戦争をする気だ」としゃべったのである。フルシチョフがこのラジオを聞いていることを願って語った。私が本気だということをぜひ分かってくれ、と祈るような気持ちで語った。

もちろん相手がテレビを見、ラジオを聞くことを無根拠に信じているわけではない。駐米ソ連大使には、ケネディがテレビ・ラジオに出演することを伝えてあった。ソ連大使はフルシチョフに電話をかけた。ケネディが突然国民に話しかけると言っています、アメリカでは大統領が直接国民に話しかけることには重要な意味があります、もちろんわれわれも見て解説は送りますが、直接お聞きになったらいかがですか、と報告した。フルシチョフは状況を理解し、このまま戦争になってはいけないという判断をした。

政治の延長が戦争であることが、きちんと認識されているから、政治をしっかりやる。今、戦争をしてどんなトクがあるか、もしも、戦争をしなければどんなソンがあるか――これを考えるのは、政治家の任務である。

新しいタイプの戦争――「講和」なき無制限の暴力行使

クラウゼビッツは『戦争論』の第一篇第一章で、戦争を「敵を強制してわれわれの意志を遂行させるために用いられる暴力」と定義した。

実際に見られる多くの戦争の目的は、敵の継戦意志の破砕である。敵に「戦うのはやめた」と言わせるために戦う。敵が「やめた」と言えば、こちらもやめる。

敵に「やめた」と言わせるためには、第三国を味方につけて包囲することもあるし、当方は徹底的に戦うつもりだということを理解させて、その時の損害を敵に考えさせる方法もある。しかし、いよいよ戦闘となれば、戦闘のやり方は、全力を挙げて敵を徹底的に全滅させることである。

敵軍が全滅すれば、政府は相互に交渉して講和条約を締結する。こちらの言い分が通れば、戦争は終わって、新世界秩序に移ることになる。かくて平和な後世が始まる。これが普通の戦争だった。君主が「やめよう」と言ったらやめる。君主が「やろう」と言ったら始まる。

そういう戦争がずっと続いていたが、二十世紀に入って国民戦争の時代が来ると、新しいタイプの戦争が出現した。正義と邪悪が戦うという、「イデオロギー戦争」である。宗教戦争の復活と言えなくもない。

「正義と邪悪が戦う」というのは国民全部を決起させるのに用いられた宣伝だが、こういう戦争をすると講和条約にならない。最後は、無条件降伏を強要することになる。そういう無制限の暴力の行使が許される戦争をするようになったのは、そう言えば国民がよく戦うからであり、これは「民主主義の病気」である。

湾岸戦争（一九九〇〜一九九一年）で、当時のブッシュ大統領が言ったように「悪とは交渉しない」ということになる。イラクのフセイン大統領を悪と決めつけ、「戦争目的はクウェートの解放だけではない。あくまで無条件降伏を要求して戦う。フセインを戦犯裁判にかける」とブッシュ大統領は言ったことがあるが、数日後に取り消した。さすがにそれは時代がかっているとアメリカの世論が反対したからである。

もしもブッシュが戦争目的を拡大して、戦犯裁判を開くためバグダッドまで進撃すると決定したら、多国籍軍のうちついてくるのはイギリスだけだっただろう（この場合、日本は戦費の支払いを続けるべきだったかどうか）。

民主主義国は、民衆を説得するために、大げさな戦争目的を求める。本音は何であれ、ひじょうに立派な大義名分をつくり、相手のことを悪く言う。

新聞記者がブッシュ大統領夫人に、「あなたのご主人はフセインを絞首刑にすると言っているが、どう思うか」と聞いた。この時、ブッシュ夫人は「私も絞首刑のブランコを見てみたいわ」と答えた。各社の新聞記者は「大統領夫人がこんな発言をしたのは、アメリカの恥である」と申し合わせて、記事にしなかった。

このように、民主主義の国の指導者は、戦争をする時は相手のことを徹底的に悪く言うが、幸いこの時はもう、そういうイデオロギーの時代は終わっていた。

戦争は、君主がやっているほうが穏やかである。君主は、自分のポケットマネーで兵隊を雇っているから、傭兵《ようへい》が死ぬと財産が減ることになる。戦争に負ければさらに財産が減る。だから、ほどほどで講和する。君主制時代の戦争には、このぐらいでやめようという〝落としどころ〟があった。

民主主義になると、そうはいかない。国民を全員、奮い立たせるためには、途方もないことを言わなければならない。そうすると乗りかかった船で、敵を無条件降伏させない限りやめられなくなる。

債権大国・日本には、戦争の危険がいっぱい

こういう正義と邪悪が戦うという考えは、宗教戦争の昔に戻ることになるが、日本陸軍は日支事変（日中戦争）が国民に不評であるのを気にして、アラブのジハードという考え

を輸入して、高飛車に「聖戦」と自称した。そして国民の批判を封じたのである。

アメリカでは第一次世界大戦の時、ウィルソン大統領もそれをした。アメリカは、「ドイツの潜水艦に沈められたイギリス商船には、アメリカ人がたくさん乗っていた。これは非人道的な行為で、許すわけにはいかない」と、第一次世界大戦に参戦した。

しかし、これは建前だった。アメリカが第一次世界大戦に参戦したのは、財界がイギリスとフランスに、たくさん金を貸していたからである。ドイツには貸していない。イギリスとフランスが負けると、アメリカの財界は貸していた金を取りはぐれることになる。その要望が、参戦を決めた本音の理由だった。

ちなみに、現在の日本の対外純資産残高は、世界最大の四一一兆一八〇〇億円（二〇二一年）。これを見て、「日本も大国になった」と言う人がいるが、国家安全保障の観点からみれば危険なことである。

逆に、アメリカは世界一の債務国で、対外純債務残高は一三兆九五〇〇億ドル（一ドル一〇八円として一五〇六兆六〇〇〇億円、二〇二〇年）だ。アメリカに金を貸している国は、アメリカの応援をする。日本に金を借りている国は、日本の敵に回る。日本から借金をしている国は、日本が滅びてくれれば丸儲けだからだ。債権大国になったことを喜んでいる場合ではない、という戦争論からの認識が欠けている。

もしも、大東亜戦争の前に、日本がアメリカから派手に借金をしていれば、逆に保護してもらえたかもしれない。実際は、逆に預金をしていたので日本の財産は凍結され、敗戦後の講和条約では没収されてしまったのである。

債権大国は危険倍増であるのに、今の日本は、その用心をしていない。一九九六年五月、フォードがマツダを買収したのは、そういう意味では〝いいニュース〟である。

日本人に刷り込まれた「戦争＝正義と邪悪の戦い」という考え方

一九一八年に第一次世界大戦が終わると、ベルサイユ条約という講和条約が締結されたが、その会議の席上、ドイツの皇帝ウィルヘルムを戦争犯罪人として裁判にかけよと、アメリカのウィルソン大統領は主張した。「ドイツは悪」という建前で行なわれた戦争だからである。

ところが、これに反対した国が一つだけあった。日本である。日本だけが断固反対した。当時、日本は五大国の有力メンバーだった。ウィルヘルム皇帝はオランダへ亡命していたが、オランダも「絶対に引き渡さない」と言った。オランダは引き渡さないし、日本は反対するしで、結局、戦犯裁判はうやむやに終わった。こういう前例があったのだから、東京裁判の時、日本には発言権があった。「戦勝国が戦争犯罪人として東条英機元首相を裁判にかけるのはおかしい。日本は昔からそう主張してきた国なんだ」と言えた。頑張る資格が、日本にはあった。

現在では、アメリカ人ですら、あまり正義を振りかざすべきではないということになってきた。ところが、日本では「大東亜戦争は、邪悪な侵略国である日本・ドイツと、正義の連合国との戦争である」というマッカーサーの教育がいまだに生きている。

戦後教育を受けた人は、「日本は侵略した」と日教組の先生に叩きこまれている。そんな学校で優秀だとされた人がエリートになり、日本社会のヒエラルキーの上にいるから、日本人の多くが、戦争とは正義と邪悪が戦うものだと思っている。

しかし、実はこの考え方こそが野蛮であって、民主主義が持っている病気の一つであると知らねばならない（民主主義の病気としては、その他には福祉の肥大と財政赤字がある）。

「戦争設計学」とは何か――戦略的思考ができない日本人

湾岸戦争が始まる前、突然、軍事評論家と称する人たちがテレビに出演して、解説を述べた。彼らは最初、武器の解説をしていた。両軍の武器が衝突した時の優劣を論じていた。衝突が近づくと、両軍兵士の士気や練度も含めて、ハードとソフトの両面から解説する戦闘評論家になった。つづいて、いよいよ開戦近しとなると、部隊の指揮官の立場に立って戦術の予想をした。だが、戦術の上の戦略に関わる話になると、力が足りない。アメリカが発表する戦略をそのまましゃべっていた。つまり、のせられていた。やはり、日本には戦略についてきちんとした知識を持った人が少ないようだと感じた。

戦略とは、マキャベリが言う政略と戦術の間に立つ概念である。アメリカ人は大好きで、経営戦略とか、販売戦略とか、何でもストラテジー（戦略）と言う。

自分は総合的考慮ができるという自己宣伝の意味も含めて使う。何かをする時、このやり方は悪いことかもしれないが、究極の目的に照らせば正当化される、という意味でも使われる。日本人はそれを深く考えず翻訳するから、書店に行くと『○○戦略』という本がたくさん並んでいる。中身はどうかというと、たいていは小細工ばかりが書いてある。

戦略とは、「目的に照らして、どの戦術を選択するか」ということである。戦術とは「ある局面における戦い方」であり、たとえば「あそこの陣地をとれ」と言われた時、損害を出さずに時間をかけてとるのも戦術、損害を出してもいいから今日中にとるのも戦術である。

戦術には何通りもあって、どの戦術がいちばんよいかは戦略によって決まる。戦略もまた、何通りもある。どの戦略で行くかは、政治によって決まる。

政治上の要請に従って、戦略が決まれば、それによって戦術も決まる。戦術が決まれば、戦闘の仕方も決まる。つづいて、それに相応《ふさわ》しい武器の採用も決まる。それから、兵隊を訓練する内容も決まる。さらには世界各国へ説明する理由をつくる。国民への説明もする（時には内外使い分けで別の理由を言うこともある）。そして攻撃開始の時期と場所を選ぶ。これが、戦争設計だ。

政治家は上から考え、軍人は下から考える。軍人は現在の手持ちの兵力でできることを考えて、それを政治家の判断材料に提供する。この両方が必要なのだが、戦前の日本では、下からしか考えられない軍人や官僚が陸軍大臣や総理大臣になった。だから、戦争を設計するという考え方が育たなかった。

一九九一年に時計の針を戻してみよう。たとえば、イラクがクウェートから撤退を始めた時、パウエル統合参謀本部議長（当時）がブッシュ大統領（当時）に「もう二四時間やらせてくれ。あと二四時間あれば、イラクの戦車部隊を全滅できる」と意見具申したが、ブッシュはそれを却下した。なぜか。

フセインの軍団を全滅させれば、喜ぶのはイランである。イランとイラクが睨《にら》み合っていてくれるのが、アメリカにとっていちばん都合がいいという事情は、開戦前も開戦後も変わっていない。ブッシュは当初、戦争目的として侵略者を罰すること、クウェートの王権を回復することの二つを声明したが、それは表向きのことで、アメリカの究極の利益は、クウェートの石油確保とサウジアラビアへの影響力確保だった。

では、なぜブッシュは、その後「フセインを戦争裁判にかける」と宗教戦争のようなことを言ったのか。それは頭に血がのぼったからだと思う。アメリカ軍パイロットが捕虜になり、顔にアザをつくってイラクのテレビに出てきたのでカッとなった。

それは、アメリカ海軍のパイロットとして日本軍との戦いに臨み、父島《ちちじま》の上空で乗機アベンジャーが撃墜されてパラシュートで降りる時、「もしも地上に降りたら、日本人は人食い人種だから食われる」と思って海を目指し、数時間泳いだのち奇跡的にアメリカの潜水艦に救われた……という、二〇歳の時の自分の姿だった。しかしさすがに、しばらくして頭が冷えた。すると、フセインの戦車軍団を潰滅させるのは、かえって損であることが見えてきたのだろう。

湾岸戦争の時、日本はアメリカの戦争目的の一つひとつについて、賛成か反対かを言うべきだった。ブッシュが戦争目的を追加して二カ条から六カ条にした時、『ニューズウィーク』は大統領のサインがあるその手紙を誌面に掲載した。話が違ってきましたよと、国民に報告しているのである。日本は何のために一三〇億ドルの金を出したのか、私はそれを読んでそのためだったのかと分かったが、外務省は注目しなかったらしい。外務省に限らず、霞ケ関の官僚は気にしなかった。

国家公務員のやるべき仕事は、なんと言ってもアダム・スミスの昔から、戦争と外交、それに治安と警察が第一と決まっている。しかし、戦争については二〇二一年の一問を除き、日本の外交官試験に出題されない。ある外交官に、「戦争について勉強してますか」と聞くと、「誰も勉強していない。個人的に戦争の本を読んでいる人はいるが、そういう人は暇だと思われて、出世しない」という答えだった。

戦後七八年、外交と防衛はなんでもアメリカの決めたとおりにしていればいいんだ、という政治の空白が続いてきた。政略と戦略を決定すべき政治が、機能していない。これは、実に憂《うれ》うべきことである。

大東亜戦争には「戦争目的」がなかった

実は、大東亜戦争の時から、日本の政治は機能していなかった。当時の日本政府には、戦争の目的がなかった。目的がなければ戦略をつくれるはずがない。

大東亜戦争が終わって、東京裁判のためアメリカが戦犯容疑者を尋問した時のことだが、何を目的だと思って戦争をしたのか、誰に聞いても答えがなかった。尋問したアメリカ人は、腰が抜けるほど驚いたという。日本国家は、そもそも「国益は何か」ということも決めていなかった。

国益の基本はまず安全である。安全が守られると、次は利権ということになる。どの利権がいいかを選ぶのは、政治の仕事である。さらに利権を拡大して、それが完了したら、今度は名誉が欲しくなる。

これはどの国でも同じだが、それでは、日本が大東亜戦争を戦った目的は、何だったのか。表向きは自存自衛のためアメリカの干渉を排除して南方の資源を確保することだったが、そこまでアメリカと対立するにいたったのは、軍隊の利益、すなわち軍益の貫徹が原因だった。

軍は国益などどうでもよかった。軍益だけを追求していた。それを止める政党がなかった。軍益を妨《さまた》げる政治家は暗殺の恐怖で封じ込めた。なぜ、そんなことができたかというと、軍は機密費をたくさん持っていたからだ（第二章参照）。

つまり、陸軍は日本国を〝占領〟して、栄耀栄華《えいようえいが》を楽しんでいた。敵国を占領するのではなく、日本国を占領して、税金を軍事費に使い果たしていた。国会から予算をとるために右翼を使う。そのために機密費が役に立った。

これは戦後の公共事業の構造とまったく同じだ。公共事業費を大蔵省（現・財務省）からとってきて、その金で国会議員を養って、また予算をとる。それと同じようなことをずっとやっていた。農業も福祉も同様である。

戦争において政治家がやらなければならないこと

では、戦争をする時、政治家は具体的に何をすべきか。

まず、戦争目的を明確に決定しなければならない。それは、本音と建前の二つがある。

それから、戦争手段に何を使うかを決定する。

また、戦争を始める前には、なるべく味方を増やさなくてはならない。できることなら、世界中を味方につけて、あらゆる国から同情を買うようにする。ウクライナのゼレンスキー大統領は俳優出身だけあって、これがなかなく巧《たく》みである。国際動向を見極めて、どうすれば味方を増やせるか、どうすれば敵の陣営を崩せるかと考える。中立国を増やして、孤立した主敵を叩く。叩く前に戦争目的を明確にしておいて、戦争をやめやすくしておく。

それから、損害の見積もりをする。勝利によって得られる国益より〝国損〟が大きくなりそうであれば、すばやく講和をするのはもちろんである。

それから、建前の戦争目的は、海外向けと国内向けと、二つつくる必要がある場合もあるだろう。しかも、後で撤回できるように曖昧な部分を残しておかなければならない。ロシアのプーチン大統領は、この点をよく心得ているようだ。これらが、設計を始める前に考えるべきことである。

このように、イギリスやアメリカは戦争を設計して実行してきたが、イギリスやアメリカの図書館を探し回っても、戦争設計学の本はまずない。戦争に関する歴史書と理論書ならある。それから冷戦時代の対ソ戦研究書ならあるが、これは具体的でほとんど戦略書になっている。わざわざ自分の裏側を世間に教えるようなお人好しはない。

ヨーロッパには兵学者がたくさんいる。クラウゼビッツ（前出）、カルノー（ナポレオン時代のフランスの政治家）、シャルンホルスト（プロシアの国民的将軍）、グナイゼナウ（プロシアの軍事思想家）、ジョミニ（フランス、ロシアの軍事研究家）、マルモン（ナポレオンの副官）、モルトケ（ドイツ参謀本部の創設者）、シュリーフェン（第一次世界大戦前のドイツ参謀総長）、フォッシュ（第一次世界大戦時のフランス参謀総長）などだが、これは包囲されたドイツとフランスが血路を開くための戦争論にすぎないと思う。

包囲したのはイギリスである。イギリスがヨーロッパ諸国をうまく操作して、そのうえ、海軍力で世界の植民地と貿易を支配している。気がついたら真綿《まわた》で首を絞められていた。その突破口を求めるドイツやフランスの事情に立脚している。

包囲までは政治がやっている。政治を使って包囲網をつくり、時にはドイツが自暴自棄を起こして立ち上がるまで待っている。そういう政略の世界からのスタートについて書いた本はないという意味である。大東亜戦争における日本も、まさにそれにはまってしまった。罠にはまらないように、あらかじめ工夫するのが外交である。

アメリカも第二次世界大戦の「敗戦国」である――なぜか

アメリカもまた、第二次世界大戦で国益を見失っていた。ドイツと日本に勝つことに執着したが、勝利の結果、かえって大きな負担を背負いこむことになった。

アメリカは、日本を占領して初めて、日本が明治時代からしていたのは南下してくるソ連を食い止めることだったと知った。日本は、中国大陸や朝鮮半島がロシア化または共産化することを懸命に防いでいた。そのおかげでフィリピンがアメリカのものになった。その日本を後方から攻撃したのだから、これほど愚かなことはない。

戦争が終わり、アメリカは日本を武装解除して〝平和第一主義〟を教えたところ、日本人は大喜びして、日本は本来の平和愛好国になった。その結果、ソ連の南下を食い止めるのはアメリカの仕事になって、朝鮮戦争（一九五〇～一九五三年）では日本のかわりにマッカーサーが三十八度線で戦って、二〇〇億ドルの戦費と三万五〇〇〇人の損害を出した。

さらにマッカーサーは三十八度線を確保するため、北上して平壌《ピヨンヤン》を陥《お》とし、鴨緑江《おうりよくこう》まで進出するが、これはかつて日本がしたことと同じである。アメリカは、日本は大陸を侵略したと言ったが、自分も同じことをするハメに陥《おちい》った。

アメリカが中国国境に迫るのを見た中国は、「抗美援朝、保家街国」（アメリカに対抗し、朝鮮を援助し、家や街や国を守る）のスローガンで一八個師団を送り、米軍を押し戻してソウルを奪還した。そこで頭にきたマッカーサーは、「原子爆弾約二〇発、中国とソ連の都市に使いたい」と言ったら、トルーマン大統領に解任されてしまった。

このように、昔は日本がやっていたことを、アメリカが引き継がなければならなくなったので、「ルーズベルトの戦争目的は、日本のかわりにソ連と戦争することだったのか」という批判が出てしまった。

アメリカが日本と戦争したのは、実は中国貿易の利権を手に入れるためだった。第二次世界大戦が始まる前、中国に工業製品を売っている主な国は、イギリスと日本だった。そこへ参入したかった。当初は、門戸開放・機会均等のスローガンを主張していたが、やがてエスカレートして、日本は中国から手を引け、ということになった。

そこで日本を追いつめて全面戦争をしたが、この戦争目的は達成されなかった。戦争が終わって中国を支配したのは、アメリカが支援した蔣介石政権ではなく、ご存じのとおり毛沢東政権だから、アメリカは日本との第二次世界大戦ではくたびれもうけの惨敗である。

この意味ではイギリスも負けている。中華民国も同じで、第二次世界大戦で勝った国は、毛沢東の中華人民共和国とスターリンのソ連だけだったと言える。勝ったとはどういうことかといえば、最初に狙った戦争目的を達成したかどうかである。とすれば、日本も「アジアの解放」とか「民族自決」を最初からもっと強く押し出していたら、ソ連を超える最終的な勝利国になれたと思われる。

戦争の裏には政治があることを、端的に示している例が、広島・長崎への原爆投下である。表向きの理由は、米兵が五〇万人死なずにすんだということだ。しかし、この五〇万人という数字は、トルーマンが言い訳に使った大げさな数字で、日本本土上陸作戦で死ぬ米兵はせいぜい五万人とアメリカ陸軍は試算していた。

原爆投下の本当の理由はソ連に対する示威《じい》で、目的は戦後社会でアメリカが主導権を握るためだった。広島・長崎の市民はアメリカの戦後政略のための犠牲になったのである。

第二次世界大戦の末期は、すでに米ソ冷戦の始まりと重なっていた。戦争には区切りがあるが、政治には区切りがない。

米軍のガダルカナル島攻略は〝中間選挙対策〟だった

一九四二年（昭和十七年）八月七日に、米軍は突然ガダルカナル島に上陸した。本格的反攻の始まりだが、この時期が選ばれたのは、実は秋の中間選挙対策のためであった。

ルーズベルトにしてみれば、その前年の一九四一年十二月八日以来、暗いニュースばかりである。このままでは、一九四二年秋の中間選挙で民主党は危ないという状況だった。

なにか明るい話題を提供しなくてはいけない、なんでもいいから少し反撃をしろ、ということで、ニミッツ海軍大将は、八月十七日、日本軍が占領するギルバート諸島のマキン島へ二隻の潜水艦を使って二二一名を上陸させ、日本軍の守備隊四三名を全滅させて引き揚げた（サミュエル・E・モリソン著、中野五郎訳『太平洋戦争アメリカ海軍作戦史』改造社刊）。これで〝反撃している〟というニュースになったが、アメリカ陸軍のガダルカナル島上陸はもっと本格的効果を狙ったものだった。

しかし、十分な準備のないまま、急《せ》かされての上陸作戦で、たとえば資材をバラバラに輸送船に積み込んでしまったからどこに何があるか分からないし、船団護衛の方法も分かっていない。

上陸作戦を援護するイギリスの巡洋艦とアメリカの空母・戦艦・巡洋艦、それからオーストラリア海軍の巡洋艦の間には、作戦協定がなかったし、事前の演習もなかった。作戦海域にとどまっていた巡洋艦部隊に対し、三川軍一中将率いる第八艦隊が突入し、英・米・豪の艦隊は、五隻の重巡洋艦のうち四隻が撃沈されるという大敗を喫した。これが第一次ソロモン海戦である。

この時、三川中将はまったくの無防備となった輸送船団を攻撃せず、すぐに引き揚げてしまったが、もし輸送船団を攻撃していれば、上陸部隊は大損害で以後の戦局は大きく変わっていた。

三川中将が輸送船団を叩かなかったのは、「近くにフレッチャー提督率いる航空母艦が二隻いる。もし帰り道で遭遇したら全滅するかもしれない」と考えていたからで、軍艦を最後の決戦の時までとっておきたかったのは、日本海軍に染みついていた「艦隊決戦思想」のためである。真珠湾攻撃の際に、反復攻撃をしなかったのと同じ発想である。

そのため、ガダルカナル上陸作戦はアメリカにとっては大成功で、中間選挙も、それに続く二年後の大統領選挙もルーズベルトは見事に乗り切ることになるが、三川中将がもう一歩積極的であれば、ルーズベルトは大失敗したところである。

このように、戦争をしている最中にも余計な政治が介入してきて、時には無駄な損害を出すことがある。日本軍はルーズベルトがアメリカ国内のマスコミに〝反攻近し〟と宣伝していることを知っていたが、民主主義国では公約の意味がたいへん重いと考えるところまでは理解していなかったので、用心が足りず上陸を許してしまった。

日本は作戦最優先で、作戦の関係者は肩で風を切って歩き、政治は存在しない国になっていたが、アメリカまで同じだと判断していたのは視野が狭かった。

戦争と政治の関係についての教訓が世界中にたくさんあるが、日本の場合は、そもそも戦争設計や政治がないから、そういう話はない。日支事変はともかく、大東亜戦争になってからはただ戦闘だけをしていたのである。

戦争の「開始」と「終結」は、政治家だけの仕事

戦争そのものは軍人と政治家の共同事業だが、戦争を始めること、および終わらせることは絶対に政治家だけの仕事である。だが不幸なことに、軍人が戦争専門であるのと同様、政治家もだいたいは行政専門で、平和な国内行政の手腕を買われてそのポストにいる。

戦争について深く考えたことがないから、いざ戦争となると、その人の日頃の教養や思想や時には子どもっぽい道徳観や性格までが、そっくりそのまま戦争指導に姿を現わしてくる。第二次世界大戦もそうした数人の戦争指導者の思想や人格の現われであって、そうそう簡単に歴史の必然の結果であるとか、ドイツや日本が軍国主義だったからこうなったですむものではない。

だが、戦後に残る歴史は勝者の都合によって書き換えられ、敗者の考えも少しずつそれに迎合し、やがては無関心がそれに取ってかわる。それも悪いことではないが、しかし、

再び戦争の危機が迫った時、政治家も国民も前の戦争の経験に学ぶというよりは、前の戦争を素材にしてつくられた伝説に学ぶというのでは、不幸が繰り返される心配がある。

今また、アジアには火薬の匂いがするが、日本人の戦争観は昔のままである。

第二次世界大戦に関する伝説が共通の常識となっていて、それと違うことは言い出しにくい空気がある点では、要路《ようろ》の責任者の集まりも、国民の雑談会も、あまり相違がない。朝鮮戦争に学ぶこともなく、ベトナム戦争にも、湾岸戦争にも、国連のＰＫＯ活動にも学ぶところがない。

相変わらず、「戦争とは正義の国が邪悪な国を征伐するもので、それは宣戦布告をもって始まり、降伏をもって終わる。そして邪悪な国が降伏すれば、後に残るのは〝よい国〟ばかりだから、戦後の世界は自然にうまくいく。邪悪な国の再発生を防止するため、世界警察軍をつくればそれでよい」と考えているが、これは昭和十六年（一九四一年）にアメリカのルーズベルト大統領が考えたことそのままであり、人類が何千年にわたって「戦争とは何か」を考えてきた「戦争観史」のなかでは最も素朴なものの一つである。

日本国憲法の前文はこの考えによって起草されたもので、日本さえ邪心を持たなければ他国はすべて日本より〝よい国〟だから、世界も日本も幸福になると書いてある（ぜひ再読されたい)。

だが、公布から七六年を経た現在、事実はその反対で、日本がいちばん平和的かつ国際的で、諸国は日本や国連を利用して得をしようと考えている国ばかりになった。憲法前文が非現実的なら他国を改心させせるか、または日本の憲法を改正するしかないことになる。

戦争を〝野蛮〟にした、ルーズベルトとチャーチル

昭和十六年(一九四一年)に戻って考えてみよう。

たいていの戦争はどのように烈《はげ》しくとも、いずれ間もなく終わるもので、足かけ五年も戦った大東亜戦争は例外的に長い戦争である。

普通なら、これ以上戦っても得はない、やめたほうがよい、と両方が思う頃合いを見て、第三国が仲介する。ところが、ルーズベルトはこれは正義の戦争だ、悪魔とは交渉しないと言っていた。それから、中立国の存在を許さず、中立は敵の味方だとまで決めつけた。そこで悪魔と言われたほうは、仕方がないから伸《の》るか反《そ》るかになる。戦争をそこまで野蛮にしたのは、ルーズベルトとチャーチルである。なぜそこまで言い切れるのか、順を追って当時の状況を具体的に書いてみよう。

ドイツとイギリスはすでに昭和十四年から戦争をしていたが、さらに昭和十六年からはドイツとソ連の戦争が加わった。だが、アメリカにとって戦争は対岸の火事で、ルーズベルトは昭和十五年、国民に対して中立を約束することにより、三回目の大統領当選を果たしていた。

日本と中国は昭和十二年以降、戦火を交えていたが、大日本帝国も中華民国もお互いに宣戦布告をしていなかった。なぜか。

あまり人の知らない事情を言うと、当時アメリカには中立法があって、交戦国に対する融資や武器輸出を禁じていた。交戦国の旅客船にアメリカ人が乗船することも禁じていた。第一次世界大戦の時、ドイツ潜水艦が撃沈したイギリス船ルシタニア号にアメリカ人の乗客が数百人いて、その被害が戦争参加原因になったという反省から議会が設けた〝しばり〟である。

したがって、日中両国はもしも宣戦布告をすると、アメリカから武器を輸入できなくなる。同様に、日中両国からの大量注文で大不況からの立ち直りを果たしつつあったアメリカの武器メーカーも困る。実際、ボーイング、ロッキード、ダグラス、カーチスなどの航空機メーカーは日中戦争のおかげで倒産寸前を助かっている。だから、アメリカは日支事変を戦争とは認定せず、武器輸出を続けたが、戦後の東京裁判ではこれは侵略戦争だと日本の責任を追及した。アメリカは矛盾していると中村粲《なかむらあきら》氏は『大東亜戦争への道』（展転社刊）に書いている。

第二次世界大戦当時に存在した三つの「戦争観」

そのようにアメリカは日本の軍備拡張を援助することで利益を上げながら、他方、日米交渉では日本が飲めないような強硬条件を突きつけて、日本が対米戦に立ち上がることを期待していた。

そういう昭和十六年（一九四一年）が暮れる頃、ついに十二月八日がやってきて、日本はパールハーバーを急襲し、その日以降、アメリカは晴れて戦争ができるようになった。

そこで英米両国は昭和十六年十二月末、新しく始まった世界戦争の政治的意味を決定するための政治会議をワシントンで開催した。アルカディア会議である。

その当時の世界には三つのイデオロギーがあり、それに基づいて三つの戦争観があった。

第一は、民主主義とそれに基づく戦争観で、抑圧された人々の自由と民主主義の実現のために民主主義国は立ち上がって戦うというものである。全体主義国の攻撃から自分たちの体制を守るという意味もあった。

第二は、国家社会主義とそれに基づく戦争観で、たとえばドイツがそれに当たる。ドイツは、ベルサイユ条約の抑圧を撥《は》ねかえして領土的にも経済的にも発展し、ドイツにふさわしい国際的地位を得ようとしていた。主張は現状打破で、相手が弱い時は戦争に訴えても……である。

第三は、共産主義（国際社会主義）とそれに基づく戦争観で、階級闘争の最終的な勝利を信じて、全世界の果てにまで革命を輸出するために戦い、また、その根拠地であるソビエト・ロシアを資本主義国の包囲攻撃から守りぬくというものである。

いずれも「戦争は自衛戦争に限る」とは思っていないところが共通しているが、世界各国に対する脅威という点ではソ連が最大で、ドイツが最小だった。ソ連が敵とするのは資本主義国の全部だが、アメリカとイギリスが敵とするのは独裁主義の国だけで、ドイツが敵とするのはその隣国に限られていたからである。

私見を述べれば、日本だけはイデオロギーを持たない現実主義の国だった。世界に訴えかける理想はなく、もちろんイデオロギーもなく、単にアジアの一隅《いちぐう》での安楽を求めていた。その手段は国民の勤勉と輸出による経済発展だが、それがもし妨害された時は自存自衛のための戦争に立ち上がるというものだった。当初は単なる「東亜新秩序の建設」がスローガンで、ようやく昭和十八年になってはじめて植民地解放を唱えた。

したがって、昭和十六年十二月の時点で、日本が世界に宣言していた戦争目的は「中国政策に対するアメリカの干渉を排除する」というきわめて限定的なものだった。

戦争目的を堂々と「宣言」することの重要さ

さて、イギリスのチャーチルは、日本がパールハーバーを攻撃したとの報を受けて大喜びした。これでアメリカはイギリスの側について戦ってくれることがハッキリしたから、この戦争は勝利でイギリスは救われたと思ったのである。その夜は「感謝に満ちて眠り」、翌日はただちにルーズベルトに会うためワシントンへ行く決心をした。

昭和十六年（一九四一年）十二月二十二日、ワシントンに着き、三週間滞在した。その間、先述したように戦争指導について連日会議を開いたが、これは機密保持のためアルカディア会議という暗号名で呼ばれた。

まず、戦争目的は、同年八月に、両者がニューファウンドランドの沖で米巡洋艦オーガスタと英戦艦プリンス・オブ・ウェールズに乗って落ち合い、会談し、世界に発表した

「大西洋憲章」があるので、それをそのまま使うことにした。これはアルカディア会議の結論である「連合国共同宣言」（昭和十七年一月一日発表）に盛りこまれた。

この憲章自体は昭和十八年十一月のテヘラン会議で廃棄されたが――実行不可能と気がついたから――、しかしその精神は残って「国連憲章」や「ポツダム宣言」にもつながったから、その内容を書いておこう。

①英米は領土的、またはその他の膨張を求めない（小笠原《おがさわら》諸島および沖縄の返還が実現したのはこのためである）

②関係人民が自由に表明した希望と一致しない領土の変更を認めない（侵略は許さないという意味である）

③各国民はその統治形態を選ぶ権利を持つ。それは思想と言論の自由を守ることを基礎とする（天皇制が続いている理由の一つである）

④通商および原料を均等に利用する原則を立てる（このおかげで日本は戦後、高度成長をして経済大国になることができた）

⑤各国の経済的協力

⑥ナチス・ドイツ占領地を解放し、平和を確立すること。また、すべての国民が恐怖と欠乏から解放されること
⑦海洋の自由
⑧軍備の制限

この八カ条である。

戦争をする時は、このように正々堂々の戦争目的を内外に宣言するのがよい。ルーズベルトはこれを重要と考え、当面の戦争に勝利した後も、世界政治の基本原則として守ることにした。しかし、チャーチルは単なる宣伝用の作文と思っていた。この違いは大きく、戦後イギリスが世界帝国の座をアメリカに譲る一因になった。

「ユナイテッド・ネーションズ」――国連とは「連合国」の意味

内外に発表した宣言を空文《くうぶん》にしないアメリカの態度は世界の信用を得たが、しかし問題も残った。宣言は格調高く書かれるから、どうしても相手を邪悪と決めつけることになる。それは戦意昂揚《こうよう》と味方の団結強化のために必要なことではあるが、軍事的勝利が確定

した後は現実主義に戻らないと、空中楼閣《ろうかく》を追い求めることになる。
アルカディア会議は現実的・具体的な申し合わせとしては、

①ドイツと日本を完全に撃破するためには犠牲を惜しまないこと
②ドイツとの戦いを優先すること
③統合参謀本部を設置すること

を決定した。発表された共同宣言はきわめて簡単なもので、

①連合国は全力を挙げて敵と戦うこと
②敵と単独で休戦または講和しないこと

この二つだった。戦争が第一で、当分の間、政治はお休みという気分がよく出ている。

この宣言にはソ連も含めて二六カ国が参加したので、ルーズベルトの発案により、連合国（ユナイテッド・ネーションズ）という名称がつけられた。

彼はこの名称を思いつくと、チャーチルの居間に飛んで行った。たまたまチャーチルは入浴中であったが、裸のままで立ち話をして、二人の意見が一致した、と伝えられている。

原稿には当初、アソシエーテッド・パワーズとあったが、ルーズベルトが修正を提案し、チャーチルはそれに賛成してバイロンの詩に「連合せる国が剣を抜けるこの地」とあるのを示したというのである（蘆田均著『第二次世界大戦外交史』時事通信社刊）。

これが国連（国際連合）のはじまりで、国連は今もユナイテッド・ネーションズと呼ばれている。国連の「国」は〝国際《インターナショナル》〟という意味ではなく、一つひとつの〝国家《ネーション》〟を指している。つまり、地球を一つにする団体ではなくて、地球を二つにする派閥か徒党というのが出発点だ。日本人はそれを見落としている。

湾岸戦争の時、ブッシュ大統領（当時）は何度も「連合軍」(coalition《コアリジョン》 force《フォース》)という名前を使ったが、日本は「多国籍軍」と呼んだ。

日本のマスコミの多くは多国籍軍と呼ぶのは日本だけだからやめるべきだと書いたが、私は、戦争目的の共同討議も宣言も統一司令部もないのだから、連合軍と呼ぶのは無理があり、ブッシュ大統領は、単に勝利した第二次世界大戦のイメージを自分が始めた湾岸戦争に重ねたいのだろう、と『週刊東洋経済』に書いた（一九九一年三月十六日号掲載、加藤寛氏との対談「湾岸戦争が残したもの」）。

日独完全撃破主義――ルーズベルトとチャーチルの「答え」

それからもう一つ、アルカディア会議では、主要連合国の首脳は今後も互いに協議することを約束して、連合国戦争会議《アライド・ウォー・カウンシル》の設置を決定し、終戦までに九回の会合を行なった。

そこで問題にしたいのは、昭和十八年（一九四三年）に開催された第三回戦争会議（通称「カサブランカ会議」）で、ドイツおよび日本に対しては「無条件降伏を要求する」と決定されたことの意味である。

戦後に教育を受けた世代の日本人はこのことを不思議に思わないが、しかし世界の常識ある人はその時も、また、今も不思議に思っているので、そのことを書いてみよう。

無条件降伏の要求は、アルカディア会議で決定された日独完全撃破主義からきている。政治はお休みにしてルーズベルトとチャーチルは子どものように武力の無制限な行使を楽しんでいた。「ドイツと日本を完全に撃破して、いったいどんな利益があるのかを再考すべきだ」という意見は当時もあったが、二人はさまざまな理由をつけて受け付けなかった。

カサブランカ会議(会談)

イギリス首相チャーチル(右)とアメリカ大統領ルーズベルトは1943年1月、モロッコのカサブランカで戦争終結に向けて協議した

(GRANGER/時事通信フォト)

以下に、その理由を列挙してみる。

(その一) ドイツを完全に撃破すると喜ぶのはソ連で、東欧はヒトラーにかわってスターリンの支配下に入るが、それでよいのか。

ルーズベルトの答え――スターリンはアメリカの援助に感謝して変身し、自由と民主主義を尊ぶようになるだろう。私は膝詰めで説得し成功できる予感がある(元駐ソ・駐仏大使ウイリアム・C・ブリットの証言、J・フラー著、中村好寿訳『制限戦争指導論』原書房刊)。

（その二）　日本を完全に撃破した場合、ソ連勢力が南下してくるのを誰が防ぐのか。

ルーズベルトの答え――まず日本を撃破するのが先決で、そのためにソ連の力を借りるのはアメリカの国益である。また将来は蔣介石の中華民国にその役割を期待する。

（その三）　中華民国は自由主義と民主主義からは最も遠く離れている国である。なぜ連合国の仲間に加えるのか。

ルーズベルトの答え――加えないと、この戦争が人種戦争だと思われる（クリストファー・ソーン著、市川洋一訳『太平洋戦争における人種問題』草思社刊）。

（その四）　イギリス・アメリカの戦争目的が自由主義と民主主義を守るためなら、ドイツ国内にある同じ考えの一派を支援することも大事ではないのか。ソ連についても日本についても同様ではないか。

チャーチルの答え――この疑問に対するチャーチルの発言はないが、行動はある。チャーチルはドイツの和平派からの接触のすべてを拒絶し、ドイツ人全部を猛獣のようにみなした。ルーズベルトの場合も同じで、この二人は国家と国民と政権を区別して考えることができなかったらしい（今の日本人と同じである）。区別して考えることができた人はスターリンである。スターリンは昭和十八年二月二十三日、「ヒトラー一派をドイツ国民と同一視するのは笑止千万である。歴史は『ヒトラーは出てきて、また去る。しかしドイツ国とドイツ国民は残る』ということを語っているではないか」と語った。はるかに人物が大人である。

「無条件降伏」の要求がもたらした悲惨な現実

話を無条件降伏に戻そう。チャーチルとルーズベルトの二人によるカサブランカ会議は、その結論として、「イギリス・アメリカ両国は、ドイツおよび日本の『無条件降伏』を達成するまで戦争を容赦なく継続する決意である」と声明したが、その結果はどうだったか。

まさにその頃、ドイツ国内では反ヒトラー派が結集してヒトラー暗殺の是非について激論を交《か》わしていたが、この無条件降伏の勧告が伝えられたので、反ナチの新政権を樹立して和平交渉を始めるという希望は粉砕された。

つまり、ヒトラー政権は強化された。ドイツ国民も、不名誉な無条件降伏よりは徹底抗戦を選ぶことを決意したので、ドイツはかえって強くなり、戦争は約一年か二年、長引くことになった。

したがって、戦争の最後の一、二年に戦死・戦傷した人はドイツ人であれ、イギリス人、アメリカ人であれ、恨むならこの二人を恨むべきであろう。

同じ反応は日本にもあった。日本軍が徹底的に抗戦して、ついには神風《しんぷう》特別攻撃隊の悲劇にいたった遠因は、これに求められる。他人の名誉を踏みつけにする悪い性向は、アングロサクソン民族の特徴のひとつではないかと思う。

そして、この二人は何を得たか。

チャーチルは戦後、「ソ連が強大になって鉄のカーテンができたのは失敗だった」と反省している。

ルーズベルトは、昭和二十年(一九四五年)二月のヤルタ会談でスターリンを民主化・自由化させる説得に失敗して、自分の予感が間違っていたことを知るが、しかし、その時は極度の高血圧でほとんど判断力を失っていたのではないか、と側近が書き残している。

さて、それでは無条件降伏のアイデアはどのようにして生まれたか。

ルーズベルト大統領の息子エリオット・ルーズベルトは、「大統領は昼食会の席でその思いつきを話したが、その時チャーチルは『完璧だ。ゲッベルスたちがどんな泣き言をならべることか』と言った」と書いている。事実は反対で、かえってドイツ国民の結束は強くなったのだからゲッベルスは喜んだと考えられる。

チャーチルは自分の『第二次大戦回顧録』（毎日新聞翻訳委員会訳、毎日新聞社刊）では、「わずかの慈悲もなく『無条件降伏だ』『無条件降伏だ』と繰り返すだけでは（中略）降伏させることはできないだろう」と、八月九日、外相に電報を打ったと書いている。これは、評判が悪いので考えを変え、言い訳を書き残したのかもしれない。

結局、無条件降伏の要求と、それによるドイツの徹底的破壊は、スターリンの西方進出を助けただけで、イギリスとアメリカの利益にはならなかった。両国は勝利を得た後、共産主義への防壁としての強いドイツをふたたびつくるべく、マーシャル・プランによってドイツ復興の援助をするのである。

ポツダム宣言は「平和のための講和条約の提示」である

翻《ひるがえ》って、日本の場合はどうなったか。

日本軍は昭和十九年（一九四四年）、二十年に、サイパン島・フィリピン・硫黄島《いおうとう》で全滅をいとわぬ徹底抗戦を行ないアメリカ軍に大きな損害を与えたので、アメリカ国内では無条件降伏主義を反省する動きが出てきた。また政府と国民を別々に扱って、日本軍閥政府は敵だが日本国民は敵でないことにしようという考えも浮上した。

それは日本の崩壊を早めるための心理作戦としても採用されたから、E・M・ザカライアス海軍大佐のラジオ放送を通じて、日本はそれを知ることができた。つづいてマクリーシュ国務次官補は、「無条件降伏という条件はけっして緩和できないが、降伏後の待遇は別問題である」と放送して、日本政府内の平和勢力に勇気を与えようとした。

昭和二十年四月三〇日、日本はまだ沖縄で最後の組織的戦闘に死力を尽くしていたが、ヨーロッパのドイツはついに戦闘力を失って、ヒトラーはベルリンにある総統官邸の地下防空壕でピストル自殺をした。この時、ドイツ政府は消滅した。

五月八日、両軍の将軍によって全面的降伏文書が署名されたが、これは軍隊の降伏条約であって、ドイツに政府と称するものは、すでに何も存在していなかった。そのため連合国軍は直接手を下して軍政を行なわざるを得なかったが、これはなかなか厄介《やっかい》なことで、何を命令してもそれを聞くドイツ政府は存在しないのである（地方自治体は残っていた）。

そこでようやく、無条件降伏や徹底撃破主義は軍隊については可能だが、国家については非現実的であることをイギリスとアメリカは悟ったのである。前述したザカライアス大佐がラジオで放送した提案でも、「戦争終結の勧誘条件は左の如し」として、

①軍の武装解除
②領土は一九一四年以前の日本領に限定
③日本の非軍事化
④戦犯訴追と賠償
⑤東京その他戦略的地点の短期間占領

とあり、最後には、

⑥上記の諸条件を履行しうる日本当局を合法的政府と認める

と書いてあったのは、この問題に対する配慮であった。

そこで、いよいよ問題は七月二十六日のポツダム宣言である。ルーズベルト大統領は四

月十二日に死去してトルーマンが新大統領になっていた。トルーマン大統領は、ルーズベルトの死後に勢力を得た元駐日大使グルーなどの助言により、日本に誕生した鈴木貫太郎《すずきかんたろう》内閣は降伏のための内閣と考えて、五月八日、「無条件降伏とは軍隊の無条件降伏である」という対日声明を発した。そして七月二十六日にポツダム宣言が出された。

全文を読んでいただければ誰でも分かると思うが、これは明らかに〝平和のための講和条件の提示〟であって、けっして無条件降伏の勧告ではない。

ドイツ政府は無条件降伏を承諾せず、そのまま瓦解《がかい》したが、日本国はこのポツダム宣言を受諾して終戦したのである。すなわち有条件降伏で、ポツダム宣言は勝者も拘束される条件である。神風特攻隊に代表される国民の勇戦敢闘が、相手から緩和された条件を引き出したのである。

今でも地方都市で市政百年史を編纂すると、「終戦という表現はおかしい、敗戦にせよ」と指摘をする団体があるらしいが、先に書いたとおり、それは日本軍と日本国家の区別を知らない議論である。

日本軍は無条件降伏したが、日本国は存続してポツダム宣言の条項を自らも守り、また相手国にも守らせる義務と責任を負う存在でありつづけた。

アメリカの教科書が紹介するチャーチルの実像

ところで、チャーチルについて外国の教科書はどう教えているのだろうか。別技篤彦《べつきあつひこ》氏は『戦争の教え方――世界の教科書にみる』（新潮社刊、のち朝日文庫）で、こんなアメリカの教科書を紹介している。教科書は、まずチャーチルの自叙伝から、彼が二四歳の時、第二騎兵連隊の中尉としてスーダンでイスラム軍と戦った時の勇ましい光景を引用する。それから「生徒への質問」が出てくる。その内容はこうである。

「別のところでチャーチルはまた記している。『六カ月間従軍して無事に故郷に戻り、平和で単調ではあるが快適な生活に浸《ひた》れるのを喜ばないものは一人もなかった』と。君はこの言葉と戦争についての彼の熱狂ぶりとをどう調和させるか」

読者も、ぜひお考えいただきたい。

また、チャーチルは熱烈な反共主義者だったが、ドイツとソ連が戦争を始めると、ただちにソ連を全面的に支援することを決心し、有名な「戦争の必然性について」という演説をした。教科書はその一部を紹介した後、さらに生徒に質問する。


「その一、同じような一八〇度転換の歴史的事例を挙げよ。

その二、チャーチルは軍事的・政治的に御都合主義をとり、そこに何らの道徳的配慮をしなかったが、この点で罪があると思うか。

その三、チャーチルがソ連と同盟してイギリスを守ったことは一九四一年以後の出来事からみて正しかったと思うか」


この質問は、なかなか厳しく、また高度であると思う。

その教科書ではチャーチルが葉巻をくわえながら、嬉しそうにトミーガン（自動小銃）を弄《もてあそ》んでいる写真を大写しに載せているのは皮肉だと、別技氏は書いている。

何が戦争を野蛮にしてきたか

たしかにルーズベルトとチャーチルは戦争を野蛮にしたが、もともと戦争は皆殺し戦争である。国家であれ民族であれ宗教集団であれ、相手の人間を追っ払うか、皆殺しにする。自分たちの安全と土地や資源を手に入れるためには、それがいちばん手っとり早い。殺さなかった捕虜は奴隷にして、使い潰す。美人は妾《めかけ》にする。老人と子どもは殺す。時には、女を全員強姦して自分たちの子どもを産ませ、民族を変えてしまう。

現在はどうか知らないが、旧ユーゴスラビアのサラエボでは、「民族浄化（エスニック・クレンジング）」の名の下《もと》にそうしたことが行なわれていたらしい。だが、それは大陸では二〇〇〇年も三〇〇〇年も前から続いていることである。

スペイン人は南米で、現地の女性を妻にした。スペイン人の女性はほとんど連れて行かなかったので、混血児だらけになった。ところが、おかしなことにペルーやメキシコの混血児たちは、スペインに行くと涙を流して「父の国へ来た」と喜ぶ。母の身になれば強姦もあったと思うが、自分は混血児の子孫で白い肌のおかげで社会的に得をしてきたから、スペインに行けば喜ぶ。

そうなれば、もう植民地支配や侵略戦争という発想は消えてしまう。全員を混血児にして、全員をキリスト教徒にしてしまえば、恨みも何もない。ルーズベルトの要求は、これを思い出させる。

こういうことを日本人は知っておくべきである。それは今後、日本が相手に対して無条件降伏を要求することを避けるためである。

湾岸戦争の時にはその危機があった。日本も戦費を負担したあの戦争で、ブッシュ大統領（当時）がそれを公言した時、日本は抗議しなかった。日本は不賛成とも言わなかった。

「この戦争は最後まで行く。途中でやめることはない。バグダッドまで進撃してフセインを戦犯裁判にかける」という一九九一年一月の発言がそれだが、幸い、ニクソン元大統領をはじめとするアメリカの良識ある勢力が、それは国連決議〝クウェートの主権を回復する〟を超えていると反対したので、ブッシュ大統領は数日後にそれを取り消した。だが、この発言の重大性に気づいた日本人はいなかったのではないか。

日独は「侵略戦争を解放戦争に変える技術」が未熟だった

戦争には、文明以前の皆殺し戦争、君主制時代の戦争、民主主義下のイデオロギー戦争があることを述べてきたが、戦争を侵略戦争と解放戦争の二通りに分ける考えもある。

解放戦争とは攻め込んだら、その国の人民が歓迎してくれる戦争である。人民は圧政に苦しんでいて、歓呼の声で迎えられる。相手国の協力によって、とんとん拍子で戦争が進むのを解放戦争という。
これを政治的に利用すると、極端な話、ほんの五、六人でいいから相手国民に、「どうか攻めてきてください」と宣言させる。その要請に応えて攻め込む軍隊は、「これは解放戦争である」と言う。

侵略戦争とは、敵国の支配者と国民の間に隙間がなく、両方が一緒になって抵抗するのを押し切って攻めることである。攻める側に利益があっても、攻められる側には何の利益もない。これを侵略戦争という。

孫子は、侵略戦争をしてはいけないと言っている。勝ちにくいし、手こずる。侵略戦争になりそうな時は、反間苦肉《はんかんくにく》の策を用いて、敵を分裂させてから攻め込む。内応勢力をつくってからやる。「間《かん》」とは間者《かんじゃ》（スパイ）のことだ。

今でもワシントンではそんな話が花ざかりである。日本についても人名が挙がっている。北朝鮮や中国の策謀については言わずもがなである。敵の支配階級の悪口を言いふらすとか、敵の部下が実はこちらにもう内通ずみであると敵の支配者に知らせたりする。

敵のいちばん有能で忠義な部下に謀叛《むほん》の疑いありという噂が立つことは、世界史ではよくあることだ。日本ではは普通ここまで考えない。侵略戦争を解放戦争に変える技術と準備が、ドイツと日本は未熟だった。

ドイツがスターリン圧制下のソ連に攻め込んだ時、ウクライナは歓呼してドイツ軍を迎え、ウクライナ独立の時が来たと思った。その時、独立させれば強い同盟国ができたと思うが、狭量なドイツは圧政を施《し》いて全住民を敵にまわしてしまった。

せっかくの解放戦争を侵略戦争にしてしまったのだが、本心が侵略だったのなら仕方がない。ソ連全土をドイツの植民地にして人間を送り込みたいと思っていたようである。日本がインドネシアへ攻め込んだのも解放戦争だった。インドネシア国民は大歓迎したのだから、解放戦争だと言って通る。

あるいは、フィリピンに行ったのも解放戦争だと言えなくもない。独立を与えたからである。日本は、昭和十八年（一九四三年）の十月十四日にフィリピンを独立させた。ところが、その日本が与えた独立を、先に述べたとおりアメリカのマッカーサーが進駐して取り消し、大統領を投獄した。そして、昭和二十一年にあらためて独立させた。

アジアにおける最新の侵略国は「英・米・仏・蘭」の諸国

アメリカは、フィリピンに対して、侵略戦争をしたと言えるのではないか。昭和十九年

（一九四四年）十月十四日、フィリピンは日本が与えた独立の一周年を祝ったが、ヨルフ・パルガス駐日大使は東京で次のように演説した。

「しかし、大日本帝国は軍政を最終的に撤廃し、フィリピン共和国の独立を承認するというこのうえない形で、その高邁《こうまい》な精神と理念を表明した。帝国はそのすべての宣誓と宣言を誠実に守り、フィリピン国民が憲法を制定し、自らの文化と伝統に調和する国家を樹立する最大の機会を開いたのである（中略）。

大東亜において……日本帝国は、あまりにも激しく、あまりにも不当な圧政暴虐の侵略者として非難されているが、その寛容と自由の実践は世界も驚くであろう。日本は帝国ではあったが、……一つの共和国を認め、まさにその樹立に参画した」

また、その一年前の昭和十八年十月十四日の独立に際し、フィリピン政府はアメリカに対し、二度と軍事行動をこの地に持ち込まないでほしいと訴えている。そのとおりであって、アメリカはフィリピンを素通りして日本を直接攻撃することが十分可能だった。しかし、マッカーサーの強い主張が通ってアメリカはフィリピン国を攻撃した。たぶん、マッカーサーは親子二代の統治でフィリピンに大きな利権を持っていたからだろうと想像できる。

日本とアメリカの手によって二度解放されたフィリピンは、アメリカの安保体制に組み込まれて九九年間の駐留権を持つ米軍基地ができた（一九九二年に撤退、二〇一四年に再駐留）。また、アメリカに強制されて憲法を修正し、アメリカに通商上の特権を与えたが、フィリピンがアメリカから得た特権はなかった。フィリピンの対米批判は今も厳しいものがある（ヘレン・ミアーズ著、伊藤延司訳『アメリカの鏡・日本』メディアファクトリー刊より）。

日本が敗けた昭和二十年（一九四五年）八月十五日の翌々日、八月十七日に、インドネシアは独立宣言をした。そこへオランダが戻ってきて、独立は許さないと軍隊を送り込んで、四年間にわたる厳しい弾圧をした。結局は弾圧に失敗して引き揚げたが、これは侵略戦争である。

以前、オランダの女王が日本に対して「侵略を謝れ」と言ったことがあった。すると日本の外務大臣は、「そもそもオランダがアジアを侵略したのだが、昔のことはともかく、いちばん新しい侵略は日本がしたのだから、日本が謝らなくてはいけない」と言った。先にも説明したが、これは大きな誤解である。日本がインドネシアから引き揚げた後、オランダが入ってきた。それが最新の侵略戦争である。

また、日本がベトナムから引き揚げた時、ホーチミンは昭和二十年九月二日に独立宣言をした。そこにフランス軍が入ってきて、もとに戻そうとした。これもまた侵略戦争、または再侵略戦争である。

ビルマも昭和十八年八月一日には独立していた。したがって、いちばん新しい侵略国は昭和二十年、二十一年におけるイギリス、アメリカ、フランス、オランダである。戦後、日本は国際社会の中で、なにかにつけて「大東亜戦争で悪事をした」と非難されつづけてきたが、日本の外務省は、こうした事実をきちんと採りあげ、正当な反論をしなくてはならない。

この話は将来への大きな教訓を秘めている。それは、侵略戦争を解放戦争に見せかけるテクニックについて、日本人は日頃からよく知っておかねばならないということである。北海道でも沖縄でも佐渡島《さどがしま》でも対馬《つしま》でも小笠原諸島でも、どこでも起こりうることだが、侵略を狙う国は、そこに自国に呼応する勢力や団体や住民をあらかじめつくろうとする。

独立宣言をするのは簡単である。昔は短波で放送したが、今はインターネットででもできる。それから先は応援にやってくる自称「解放軍」と、日本の自衛隊の実力くらべになる。

(2) なぜ今「戦争設計学」が不可欠なのか

開戦前、なんと日本には大量の石油があった

第二章で、歴史は必然ではないことを述べた。歴史が必然でない以上、日米開戦も必然の成りゆきではない。どこかで、誰かが決断したのである。では、誰がなぜ開戦を決断し、人々はそれを了承したのか。

日本がアメリカと戦ったのは、石油のためだったと、多くの本に書いてある。昭和十六年(一九四一年)八月のアメリカによる対日石油輸出全面禁止は日本に大きな衝撃を与えた。このままでは石油の欠乏で日本の国力は低下の一途をたどり自滅する、死中に活を求めてアメリカと戦うほかはない——こういう意見が、政府と軍部内に高まったというのが戦後の定説である。

「対米(英・蘭)戦を辞せざる決意」を謳《うた》った「帝国国策遂行要領」を採決した昭和十六

年九月六日の御前会議の席上、企画院（戦後の経済企画庁にほぼ相当）総裁は、「液体燃料」（石油）について「一切備蓄に頼る他なくなり、我が国力の弾発性は日毎に弱化し、海軍は二年後には機能を失い、我が重要産業は極度の戦時規制を施しても一年以内に麻痺状態になることが判明した」と報告し、「南方諸地域の要地にして三、四カ月の間に確実に我が領有に帰しますれば、六カ月内外から致しまして石油、アルミニウム原料、ニッケル、生ゴム、錫等の取得が可能」となると陳述した。

しかし、これは正しい計算ではなかった。少しオーバーな計算ではなかったかと、その時、事務方で試算を担当した高橋健夫《たかはしたけお》氏は自著『油断の幻影』（時事通信社刊）で書いている。たいへん興味ある記述なので紹介しよう。

試算は、まず、①陸海軍の石油手持ち量を算出し、次に、②平時の年々の消耗量を差し引き、③開戦後の作戦所要量を陸海軍別にそれぞれ概算し、④最後に南方からの石油還送見込み量を加えて、二年後、三年後の年末手持ち量とする――という簡単な足し算と引き算だが、それが簡単ではなかったというウラ話である。

まず手持ち量だが、実は、昭和十五年から十六年にかけて、ルーズベルトが日本に石油を大量に売っていた。イギリスの妨害でオランダから石油を買いそびれた日本に、「いくらでも売ります」と言ってくれたのである。

そこで、昭和十五年、日本は石油を買い漁《あさ》った。昭和十六年の春まで石油を買って買って買いまくったが、アメリカがなぜ石油を売ってくれたのかといえば、第一は、商売のためである。

アメリカ国内では石油は配給制なのに、仮想敵国である日本に大量の石油を売るとはどういうことか、という議会の反発を恐れて、昭和十六年二月十六日には貯油タンクとドラム罐《かん》の輸出を許可制にしたが、少し時間を置いて、小さい五ガロン罐でならよいことにした。

当時はクリーンタンカーなどはほとんどなかったから、ガソリン類の輸入はすべてドラム罐詰めだった。そこでアメリカの石油輸出業者は積極的に五ガロン罐をつくって、どんどん輸出してくれた。

そこで当時の思い出だが、日本にはドラム罐があふれていた。陸軍の兵隊は戦場でドラム罐のお風呂に入っていたが、あの大量のドラム罐は、アメリカの業者が持ってきてくれたものである。つまり、開戦当初の日本には大量の石油があった。これだけあれば一戦交えてみようかというくらいの手持ち量だった。

アメリカが日本に石油をこうして大量に売ってくれた理由の第二は、日本が対米戦に立ち上がる決心がつく程度に、ほどほどに見計らって売ってくれたのではないかと高橋氏は書いている。「米国が石油輸出を許可制にして、日本がギリギリ立ち上がるところまで待って禁輸に踏み切ったのだとしたら、日本の伸長を叩くという本来の目的にかなってお見事でした、と言うべきなのであろう」と。

〝省益あって国益なし〟で大戦争に突入

大東亜戦争を誘発した石油の消費量と備蓄量の計算を担当したのは、陸軍省燃料課にいた二六歳の青年将校・高橋氏である。

高橋氏は昭和十三年（一九三八年）に東大工学部応用化学科を卒業後、商工省（現・経済産業省）の燃料研究所に就職したが、徴兵検査で陸軍にとられる。はじめは二等兵だが、幹部候補生試験に合格し、陸軍航空燃料廠に配属された。学校を卒業してから二年後のことで、ここでようやく念願の石炭液化の研究に取り組むが、四カ月後に、突然、陸軍省整備局資源課に転勤を命じられ、石油需給の試算を担当させられることになる。

本人はもちろん寝耳に水だが、前任者もいなかったのだから陸軍省はのんびりしていた。「日本は戦争を準備していなかった」という証拠になる話である。

仕事にとりかかって、最初に陸軍の石油の備蓄量を調べるが、軍事機密だということで調べさせてもらえない。海軍省へ行っても同様である。これは対米開戦を検討するための最も重要な資料だからと言ってもきちんとした数字を教えてもらえない。陸軍省の中でお互いに秘密があるとは奇妙だが、こんなことは今でも霞ケ関で続いている。

仕方なく、賢明な高橋氏は推定で数字をつくった。平時の使用量も推定で書きこんだ。そして、御前会議までこの数字が使われた。素人がつくった数字が、そのまま全員の判断の基礎になってしまったわけだ。

御前会議の席上、陸海軍の大臣は企画院が発表した数字を見て、「わが省は、本当はもう少し余裕がある」と知っていたかもしれないが、黙っていた。わが省はまだ余裕があるなどと言ったら損をする。国益より省益で、敵はアメリカより陸軍であり、海軍である。

そこで日本は石油不足は深刻と考えて「死中に活を求め」ざるを得なくなった。首相や閣僚たちがこの数字を怪しんで、しつこく陸海軍に確認すればよかったが、しかし、常識的に日本は石油のない国だと思い込んでいる。「石油の一滴は血の一滴」などというスローガンが染み込んでいる。その頃は、タクシーがほとんど木炭ガスになっていたから、そう思うのも無理はないが、当の官僚は民需・民生を圧迫することを趣味のように楽しんでいたところがある。そして、この計算は、やはり計算にすぎなかった。

数字には意外な力がある。その数字を出したのは誰か、ということも重要なことなのに、数字だけが一人歩きして、大局に影響を与える。

実際に石油が底をつくのは一年後なのか、それとも三年後なのかという計算をしっかりやらなければいけない。もし底をつくのが三年後なら、ドイツがソ連やイギリスを相手に本当に勝てるかどうかの見極めがつくまで待っていられる。慌てて南方に石油を取りに行く必要はなかったわけだ。

実際、ほんの二年間でよい、様子を見てからにしようということになっていたら、一年半後の昭和十八年には、ドイツがスターリングラードで大敗北するから、そこでドイツの敗色を知ることができた日本は、対米開戦に踏み切れなかったはずである。

ところが、石油の備蓄量や使用量を極秘にしたり、実際と違って教えるのでは、国家としての戦略が練れない。今でも霞ケ関で繰り返されている光景で、〝省益あって国益なし〟である。

こういう馬鹿馬鹿しい駆引きが、国家の中枢で繰り広げられていた。

国家の重要機密も、意外とちゃちなものである。陸軍と海軍は、お互いを出し抜くために戦っていたようなものだった。

開戦してみれば、嬉しい誤算もあった。初年度の南方石油還送量の予測は三〇万トンだったが、実際は一四九万トンに達した（これですっかり安心した）。二年目は予測の二五〇万トンに対し、実績は二七四万トンだった。三年目は予測の四五〇万トンを大きく下回る一三三万トンだったが、それまでの備蓄があったので作戦に支障はなかった。

実際、意外なことだが、石油不足で作戦をやめた話はないから、日本は石油不足で負けたとは言えない。四年目となる昭和二十年からは、たしかに石油不足で航空隊の訓練も休み休みになったが、その時はすでに負けていた。

これは戦争設計の基礎データが間違っていたという話である。国民向けにつくった「石油の一滴は血の一滴」というスローガンに自分も酔ってしまって、冷静に数字を検討しようとしなかったとは、お粗末なエリートたちである。

一般の常識では、日本は石油がないから開戦したことになっているが本当は石油がない、、、と思ったから開戦したのである。さらに負けた原因も石油がないからではなかった。軍艦や飛行機のほうが弱くて負けたのである。残念ながら。

なぜ、ハル・ノートは国民に公表されなかったのか

日米開戦にいたるまでの半年間、ワシントンでは日米関係打開のための外交交渉が続けられていた。最後まで日米交渉が難航したのは、日本軍の中国からの撤退がネックになっていたからである。しかし、日本は昭和十六年（一九四一年）十一月七日の「甲案」、および十一月二十日の「乙案」提出において中国撤兵にはイエスの妥協案を示していたから、それが原因ではない。

昭和十六年十一月二十六日、ハル国務長官が日本大使に提示したいわゆるハル・ノートの問題点は、せっかくそこまで煮つまっていた日米交渉をまったく白紙に戻して、甲案・乙案における日本の全面的な譲歩を一蹴し、一方的な新条件を追加してきたことである。その条件とは、当時、日本政府は蔣介石の右腕だった汪兆銘《おうちょうめい》に新政府をつくらせて、それを中国の唯一正統の政府と認めていたが、それを白紙に戻せ、というものだった。

つまり、アメリカは交渉と妥結が目的ではなくて、単に日米開戦が狙いで、日本を窮地に追い込む気であると日本は思ったのである。それは第二項の四で、「日米国民は（蔣介石の）重慶《じゅうけい》政府以外のいかなる政権も軍事的・政治的・経済的に支持しない」というも

のだった。日本政府はこれを読んで、もはやこれまでと思って開戦に踏み切り、アメリカ政府もそうなるものと予測していた。

日本政府はこれを最後通牒とみなし、外交交渉を断念して開戦を決定した。しかしそのとき、日本はハル・ノートを世界に公表して、アメリカはこんな無理難題を押しつけているると国際社会の世論に訴えればよかった。

そしてハル・ノートの条件を飲む。条件を全部飲んで、それから実施に関する細目の外交交渉を続ける。もしもアメリカが重ねてもっと過酷な条件を押しつけてきたら、そのうえで戦争を始めればよかった。または、粘り腰でさらに交渉を長引かせればよかった。それが外交であり、戦争準備であり、また戦後への戦争設計である。

ところが、ハル・ノートは公表されなかった。国民には知らされなかった。東条首相一派はハル・ノートを公表したら、雪崩をうって世論が受諾へ傾くことを恐れた。

日本国民は、アメリカと戦争する気はまったくなかった。もし国民投票をすれば、「中国撤兵と日独伊三国同盟廃棄のハル・ノートは大賛成」であったろう。日本陸軍は、自分たちが暴走して中国での火事を大きくしたことを知っているから、撤兵となれば国民から責任追及されることを恐れた。それが日本の弱味だった。正確に言えば、日本政府の弱味だった。

戦争が始まってからでもハル・ノートを公表すべきだった。アメリカはこんな無理難題を言っているという国際宣伝をすればいいのに、これをやらない。公表して、こんな条件を飲めるわけがないから仕方なく戦争をしていると言えばよかった。

しかし、そういう宣伝をすると、海外の各国政府には通用しても、日本の国民が「それだったら、ハル・ノートを受け入れればよかったではないか」と言い出す恐れがあった。軍部の体裁のために、巨大な犠牲が生まれたのである。

ハル・ノートが日本に対して過酷であるとの指摘をする人はたくさんいる。たとえば駐日英国大使クレーギーは開戦後にハル・ノートを読み、交換船でイギリスへ帰国後、昭和十八年二月、イーデン外相に報告書を提出して「乙案を検討せず、突如ハル・ノートを突きつけたアメリカが開戦の原因をつくった」と書いた。チャーチルは激怒したと、日米関係史の研究では第一人者の国際政治学者・細谷千博《ほそやちひろ》さんは『日本外交の座標』（中央公論社刊）に書いている。

アメリカ国内でも、開戦後ハル・ノートを読んで「こんな大雑把《おおざっぱ》で抽象的な要求のためにたくさんのアメリカ人が戦ったのか」と国民は思ったらしい。ハル・ノートに書いてあることは大正時代からアメリカが折に触れて演説してきた理念の繰り返しだからである。お互いに国民のほうが健全である。

「戦争目的無視、戦略思想なし」の大本営

「開戦の詔書」は、「帝国は自存自衛のため、蹶然《けつぜん》たって一切の障害を破砕するの外《ほか》なきなり」と書いている。大東亜戦争の目的は「自存自衛のため」である。だとすれば、オランダの石油をとった時点で戦争目的は達したことになる。石油を押さえたらすぐに、「引きつづきこの石油を供給してくれるなら戦争をやめる」と宣言すればよかった。

それをしなかったのは、「もう少しやりたい」とか「これならいけそうだ」という助平根性である。もう少しいけそうだといっても、米国本土を攻略できたはずはない。ミッドウェーで負けてからはハワイの占領すらできないことも明白である。先のことは、すべてドイツの勝利が頼みの綱である。

そのうちドイツがイギリスを倒してくれる――。アメリカの戦争目的はイギリスを助けることだから、イギリスが講和を結べば、アメリカも手を引いてくれる――。それが大本営の夢であった。

しかし、それならイギリスが戦争をやめたら、アメリカもすぐに手を引かざるを得ないような仕掛けをつくらなければならない。そうしないと、アメリカは「日本は悪い国だから日本を叩く」というような別の理由をつくり出すだろう。先手を打つべきだったが、何もしていなかった。

同時に、ドイツが負けそうになった時にどうするのか、ということも考えるべきだった。ドイツは勝てそうもないと分かってからも、何もしなかったというのはおかしい。頼みの綱のドイツを勝たせるように手伝うべきであった。

たしかに、ソ連を後ろから攻撃しようという案はあった。昭和十六年夏の関東軍特種演習（関特演《かんとくえん》）は、その下準備だった。

ところが、同年九月、ソ連攻略は結局中止になった。シベリアをとっても石油はないからである。南方へ攻め込まなければ石油がない。放っておいても、ドイツがソ連を崩壊させるなら、わざわざ苦労する必要はない。それに加えて、攻め込んでもバイカル湖まで行くのが精一杯で、そこから先は、また泥沼の長期戦ではないか、という意見が出てきた。

日本陸軍の仮想敵国はロシアだった。当然のことながら、参謀本部ロシア課にはいちばんの秀才が集まっていた。戦後、その中の一人に聞いたが「何度作戦を練っても日本の力はバイカル湖まで。それ以上は無理だから、そう報告した」という。「ロシア課がソ連には勝てないと言うのでは仕方ない。天皇も大義名分は何なのかと質問している」と東条英機陸軍大臣（当時）も納得して、シベリア攻略は中止になったのである。

戦争の「攻勢終末点」を見誤った日本

昭和十七年（一九四二年）には、ドイツは勝てそうもないことが見えてきた。その時点で長期戦略再検討会議が開かれるべきだった。にもかかわらず、何もしていない。

ドイツ軍は昭和十六年の九月末にレニングラード（現・サンクトペテルブルク）を包囲した。日本もドイツも、スターリンですら、昭和十六年の末にはドイツが勝つと思っていた。しかし、モスクワの前面五〇キロに迫ったところへ、〝冬将軍〟が到来し、ドイツ軍の攻撃が止まった。昭和十七年春の雪解けからドイツ軍は攻撃を再開する。ところが、意外に頑強で進めない。戦線が膠着《こうちゃく》した状態で、昭和十七年が過ぎていく。

もしも昭和十六年に、ソ満国境でソ連に攻撃を仕掛けていたら、歴史は変わった。どこでもいいから攻撃すればよかった。たとえ局地戦で大敗してもかまわなかった。なぜなら、ソ満国境にいたソ連の名将軍・ジューコフとその大部隊が、モスクワに戻れなくなるからである。日本が攻めてこないという情報を入手したジューコフはモスクワに戻って、以後、ソ連の戦争遂行の中枢にありつづけた。

あるいは、ソ連側に「日本が近々、ソ満国境を越えて攻めてくる」というニセ情報を流すだけでもよかった。

昭和十八年二月、とうとうドイツ軍は一六万人の屍《しかばね》を凍った大地に残し、前年八月からのスターリングラード攻防戦が終わる。日本軍も、その二月にガダルカナルから撤退。以後、日独は敗退していく一方となった。

戦争には攻勢終末点というものがある。第二次世界大戦では、それがスターリングラードとガダルカナルであった。攻勢終末点がはっきりしたのは、昭和十八年の一月頃だ。しかし、それは半年前に分かったことである。その時、なぜ今後の方策を練らなかったのか。なぜ大本営が対策を講じなかったのか。

これは東条英機が落第だったという以外に説明がつかない。彼の大失態である。宰相の器ではなかった。

昭和二十年五月にドイツが無条件降伏をした時、大島浩《おおしまひろし》駐独大使などドイツ必勝論を唱えた人は全員切腹するか辞職すべきであった。全員辞職して、英米派に交代する。それをすればトルーマン大統領は原爆を使えなかっただろう。さらに言えば、そこで日本国民は裁判を起こすべきだった。日本国民が自分の手で戦争犯罪人を裁く。日支事変の拡大論や、ドイツ必勝論を唱えた人を全員、法廷に引き出し、その判断の誤りを問うべきだった。

昭和十四年まで駐英大使を務めていた吉田茂《よしだしげる》は「ドイツは負けて、イギリスが勝つ」というリポートを送って、握り潰されている。戦後、吉田は首相になったが、ドイツ派の責任については何も言わなかった。個人的な美学としてはそれでもよい。しかし、国家としては処置を取るべきだった。そこを曖昧にしたために、戦後、無責任社会ができてしまった。

アメリカと戦う必要は、どこにもなかった

大東亜戦争における最大の失敗はアメリカと戦ったことである。理由は単純明快、勝てないからである。日本はイギリスとオランダとだけ戦争をすべきだった。それならまだ勝ち目があった。

日本の戦争目的は、石油の獲得だったが、それを解放戦争にするため、昭和十八年（一九四三年）十一月には大東亜会議を開いて、植民地解放を掲げた。しかし、すでに遅かった。開戦当初から植民地解放という建前を掲げるべきであった。

昭和十六年八月、ルーズベルトとチャーチルは大西洋上で会談して、大西洋憲章を発表した。内容は第一次世界大戦の時、ウィルソン大統領が宣言した一四カ条にならって、戦後の新世界秩序を宣言したものである。その中に謳われていたのは、一つは自由貿易を守って世界経済を発展させなければならないということ。もう一つは民族自立、民族自決である。民族は自治権を持っており、植民地は解放されるべきだ、というのである。

チャーチルがロンドンへ帰ると、英国議会で大西洋憲章について質疑される。ビルマやインドを解放する気なのかと聞かれて、チャーチルは「大西洋憲章の総論には賛成だが、各論としてインドとビルマは除く」と答弁している。

だから昭和十六年十二月八日に開戦するにあたって、「日本は民族解放のために戦う、大西洋憲章と同じ目的である」と開戦の詔書に書くべきだった。植民地解放のためにオランダと戦うということにすればよかった。

日本が民族自決のために戦っていると宣言すれば、イギリスは危機に陥る。

チャーチルは、植民地は解放されるべきだが、自国の植民地であるインドとビルマは別だと言っている。完全な矛盾である。それをアメリカ人全体に大規模に宣伝すれば、アメリカはイギリスと手が組めなくなる。ハル・ノートを全面受諾してアメリカの参戦理由をなくして、それからオランダとイギリスに宣戦布告する。表向きは植民地解放で、独立した新政府から石油を獲得するのが本音である。

ルーズベルトが最も恐れたのは、日本が「有色人種を解放するために戦う」と宣言することだった。だから、昭和十八年に蔣介石を連合国の一員に加えたのである。大義名分として、「連合国陣営にも有色人種がいるのだから、これは人種間戦争ではなく民主主義とファシズムの戦いである」と言うためである。

昭和十二年の時点で、世界で最もファシズム路線の国は中華民国である。蔣介石がいちばんファシストだった。ヒトラーもムッソリーニも、その当時の蔣介石にくらべれば、ファシストとしてはまだまだ可愛いものだった。

だから、アメリカの上下両院は、蔣介石を連合国陣営に加えることに大反対した。この戦争は軍国主義に対する戦いなのに、蔣介石はファシストではないか、というわけだ。

蔣介石はそれを知って、宋美齢《そうびれい》夫人を派遣して、「日本のほうがもっと軍国主義である。中華民国を助けてくれ、私の夫を助けてくれ」とPRした。その費用は、アメリカからもらった対中国援助の中から払った。

宋美齢はＰＲのためのパーティで、参加者に中国の高価な書画骨董《こっとう》をはじめ、いろいろなものをプレゼントした。アメリカの税金で、アメリカの国会議員を買収していた。日本にしてみれば、宋美齢一人にやられたようなものである。ロビーイングの元祖はマダム・チャンなのである。

日本の場合は、「アメリカと戦争する気はない」という路線で準備を行なうべきだった。そのための準備計画を綿密に行ない、それに沿った戦い方をすべきだった。

こうすれば、日本は大東亜戦争に勝てた

オランダ・イギリスに先に手を出させる方法もあった。そのシナリオは次のようになる。

オランダは日本へ石油を輸出することを拒否していたが、日本はタンカーとそれを護衛するための連合艦隊をオランダ領スマトラ（現・インドネシア）へ派遣する。

代金は払うと宣言して、実際にスイスの銀行に振り込む。日本は石油が絶対に必要だが、できるなら平和的に買いたい、という建前にする。

もちろん、オランダは「それは侵略である」と主張するだろう。オランダから宣戦布告をしてくるかもしれない。そうなればイギリスが参戦してくることも考えられる。とにかく、イギリスとオランダから宣戦布告が出されるまで、どんどん石油を強奪するが、金は払いつづける。

タンカーの護衛に連合艦隊が南下して行けば、イギリスの軍艦が出てくる。イギリスの名目はオランダの救援である。日本は「これは国家の生存をかけた自衛の戦争である」と宣言し、向こうが先に撃ったら、応戦して沈めればいい。そこで「帝国陸海軍は今八日未明東南アジアにおいて英蘭軍と戦争状態に入れり」と宣言する。金を出しても石油を売らないというのは大西洋憲章違反であるとも主張する。

先に述べたシナリオでは、すでに日本はハル・ノートを受諾しているから、アメリカには介入する大義名分がない。ルーズベルトが大西洋憲章で宣言したとおり、日本も植民地自立に協力すると言っておけば、当分動けない。日本はビルマ・インドは独立すべきだというルーズベルトの考えに賛成であると表明する。

そして、すぐにシンガポールを陥《お》としてビルマとインドを攻略する。米国領だったフィリピンには手を出さない。おそらくアメリカは悩むだろう。日本はフィリピンには上陸してこない。アメリカの議会は、なぜイギリスとオランダを助ける必要があるのかと紛糾するだろう。参戦を決定するまでには時間がかかる。

もしも、アメリカの大軍がフィリピンに上陸して日本と南方の交通を遮断《しゃだん》しようとすれば、そこではじめて局地紛争としてアメリカと戦うことになる。日本はフィリピンに対するアメリカの補給を遮断する。アメリカ海軍がフィリピンを助けるために出てくれば、やることは単純だ。敵の来る場所は分かっているから、そのためだけの決戦が起こる。こちらは十分に待ち構えていて、短期決戦で戦えばいい。

もともと日本海軍は東京砲撃にやってくるアメリカ艦隊と小笠原沖で決戦をする予定だった。そのために「月月火水木金金」といわれた猛特訓を積んでいた。小笠原沖で決戦になれば、阿吽《あうん》の呼吸ですべてがうまくいく。

小笠原沖決戦なら、勝つ可能性のほうが高い。勝ったら、連合艦隊はインド洋に進出する。

今こそ「失敗の教訓」を活かす時

その後、どうすればよかったのか。次のような展開が容易に見えてくる。

連合艦隊をインド洋に展開させれば、絶対に無敵である。インド洋にいたイギリス艦隊はたいした勢力ではなかった。実際に、昭和十六年(一九四一年)十二月、最新の戦艦プリンス・オブ・ウェールズと高速戦艦レパルスが、日本海軍に撃沈されている(マレー沖海戦)。

昭和十七年、セイロン島(現・スリランカ)へ出撃した日本海軍は、航空母艦ハーミスと重巡洋艦ドーセットシャーとコーンウェルを撃沈して、イギリスの軍艦はインド洋には一隻もいなくなった。残りの船はアフリカに逃げ帰っていった。あの時なら、インドは簡単に占領できる。インド人は独立に立ち上がって成功する。

昭和十七年にガンジーは、日本待望論の演説をしている。日本は、〝インド独立の神様〟チャンドラ・ボースに自由インド独立仮政府をつくらせ、その独立政府を支援する。自由インド政府の国旗をつくって、零戦はそれをつけて飛ぶわけだ。日本はチャンドラ・ボースに一〇〇機貸す。

インド人は急に零戦に乗れないから日本人が乗るのだが、自由インド政府の国旗をつける。その後ろに日の丸をつけた零戦が一〇〇機飛ぶ。合計二〇〇機に二個師団をつけてマドラス(現・チェンナイ)、カルカッタ(現・コルカタ)に上陸すれば、昭和十七年なら日本はどこまで強いか分からない〝昇る旭日《きよくじつ》の国〟だったから、全インド人が一夜にして立ち上がる。そうなれば、イギリス軍は行動できない。

インドが独立すれば、イギリス国民はチャーチルを政権の座から引きずり降ろすだろう。チャーチルの強硬路線がドイツと日本を立ち上がらせ、いちばん嫌なところをつかれたことになる。インドを失えばイギリスは貧乏国に転落する、というわけだ。「ここは早く日本と講和条約を結ぼう。オランダを助けている場合ではない、ぐずぐずしているとアラブの石油を全部失ってしまう。サウジは日本、イラクはドイツ、イランはソ連がとることになってしまう」——という声がイギリス中に沸き上がることになる。

そうなれば、イギリス政府はオランダを説得して、石油の安定供給を日本に約束させる。それができなければ、当時イギリスの勢力下にあったイラクやサウジアラビアから、日本に石油を供給する。石油を売るからインドに手を伸ばすのはやめてくれ、ということになるが、もう手遅れである。

日本は聞く耳を持たずに、サウジアラビアまで攻めていく。そこまでいくと、アメリカが黙っていない。そこをアメリカと全面戦争にならないように、うまく交渉する。

いつでもサウジアラビアが占領できるようにしておいて、交渉の切り札にする。かくてインドは独立国になる。

そうなればビルマとインドネシアは独立する。当然、マレーシアも独立する。タイ国はすでに独立している。フィリピンはすでにアメリカから独立の予約をもらっていたが、それを早めてもらう。

アジア諸国に独立ラッシュが起こったら、韓国も独立させればいい。韓国にも台湾にも、独立か現状維持かを選ぶ国民投票をさせる。かくて、日本は植民地解放の父、有色人種の神様となり、歴史の流れが一変したに違いない。

＊　＊

戦争は設計するものである。戦争は政治の延長である。ところが、日本には戦争を設計するという考え方すらなかった。ただ、戦争だけをしていた。

もし、戦争を政治の延長として設計していたら、日米開戦は避けることができた。さらには、大東亜戦争の戦局も、まったく別の道をたどったに違いない。

戦後七八年を経る今、日本が「反省」すべきことは、「侵略」でも「大虐殺」でもない。戦争を設計せずに、大東亜戦争に突入したことである。このことを反省しないかぎり、日本は再び大きな過ちを繰り返すであろう。それを防ぐのが、政治の使命である。

戦争について考えるべき時代が来た今、国会がなすべきことは「平和の誓い」でも「謝罪外交」でもない。日本の国益を見据え、アジアのためにも世界のためにもなる将来の進路を設計することだ。戦争予防はその大事な一部である。

それが、多大な犠牲の上に築かれた大東亜戦争の教訓を、今に活かすことなのである。

切りとり線

★読者のみなさまにお願い

この本をお読みになって、どんな感想をお持ちでしょうか。祥伝社のホームページから書評をお送りいただけたら、ありがたく存じます。今後の企画の参考にさせていただきます。また、次ページの原稿用紙を切り取り、左記まで郵送していただいても結構です。

お寄せいただいた書評は、ご了解のうえ新聞・雑誌などを通じて紹介させていただくこともあります。採用の場合は、特製図書カードを差しあげます。

なお、ご記入いただいたお名前、ご住所、ご連絡先等は、書評紹介の事前了解、謝礼のお届け以外の目的で利用することはありません。また、それらの情報を6カ月を越えて保管することもありません。

〒101-8701（お手紙は郵便番号だけで届きます）
祥伝社　新書編集部
電話03（3265）2310
祥伝社ブックレビュー　www.shodensha.co.jp/bookreview

★本書の購買動機（媒体名、あるいは○をつけてください）

＿＿＿＿新聞の広告を見て	＿＿＿＿誌の広告を見て	＿＿＿＿の書評を見て	＿＿＿＿の Web を見て	書店で見かけて	知人のすすめで

★100字書評……人間はなぜ戦争をやめられないのか

名前

住所

年齢

職業

日下公人　くさか・きみんど

評論家、日本財団特別顧問。1930年、兵庫県生まれ。東京大学経済学部卒業後、日本長期信用銀行入行。同行取締役、(社)ソフト化経済センター理事長、東京財団会長などを歴任。ソフト化・サービス化の時代を先見するなど、未来予測には定評がある。著書に、第1回サントリー学芸賞を受賞した『新・文化産業論』(東洋経済新報社のちPHP文庫)、『すぐに未来予測ができるようになる62の法則』(PHP研究所)、『闘え、日本人――外交とは「見えない戦争」である』(集英社インターナショナル)、『不敗の名将 今村均の生き方――組織に負けない人生を学ぶ』(祥伝社新書)など。

人間《にんげん》はなぜ戦争《せんそう》をやめられないのか

日下公人《くさかきみんど》

2023年2月10日　初版第1刷発行

発行者……………辻 浩明
発行所……………祥伝社《しょうでんしゃ》
〒101-8701　東京都千代田区神田神保町3-3
電話　03(3265)2081(販売部)
電話　03(3265)2310(編集部)
電話　03(3265)3622(業務部)
ホームページ　www.shodensha.co.jp
装丁者……………盛川和洋
印刷所……………萩原印刷
製本所……………ナショナル製本

Printed in Japan　ISBN978-4-396-11671-2　C0231

〈祥伝社新書〉
歴史に学ぶ

545
日本史のミカタ
「こんな見方があったのか。まったく違う日本史に興奮した」林修氏推薦
国際日本文化研究センター所長 井上章一
本郷和人

588
世界史のミカタ
「国家の枠を超えて世界を見る力が身につく」佐藤優氏推奨
井上章一
小説家 佐藤賢一

630
歴史のミカタ
歴史はどのような時に動くのか、歴史は繰り返されるか……など本格対談
井上章一
国際日本文化研究センター教授 磯田道史

351
英国人記者が見た
連合国戦勝史観の虚妄
滞日50年のジャーナリストは、なぜ歴史観を変えたのか。画期的な戦後論の誕生
ジャーナリスト ヘンリー・S・ストークス

578
世界から戦争がなくならない本当の理由
なぜ「過ち」を繰り返すのか。池上流「戦争論」の決定版！
ジャーナリスト 名城大学教授 池上 彰

〈日下公人の本〉

『不敗の名将 今村均の生き方 ――組織に負けない人生を学ぶ』

（祥伝社新書）

著者がビジネスマン時代、心の支えとした今村均の回想録。組織の中での生き方、真のリーダシップを提示する。

『いま日本人に読ませたい「戦前の教科書」』

（祥伝社黄金文庫）

大正７年から昭和７年まで使われた教科書には、大正デモクラシー独特の明るさがあり高い教養が詰まっている。